W0313422

südwest

Alexandra Heil

Shampoos, Cremes & Co.

Eigenmarken von Drogeriemärkten und Discountern unter die Lupe genommen

Inhalt

MURNAUERS
Olive

GARNIER
FRUCTIS
KRÄFTIGENDES
PFLEGESHAMPOO
NEU
AKTIV-FRUCHT-KONZENTRAT
KRAFT & GLANZ
NORMALES HAAR

Vorwort

Kosmetik – wir alle benutzen sie. Gesichtscreme, Körperlotion, Shampoo, Deodorant – kaum jemand kommt heute noch ganz ohne aus. Dabei greifen immer mehr Verbraucherinnen und Verbraucher lieber zur Drogerie-Eigenmarke als zum deutlich teureren Markenprodukt. Aus Überzeugung? Nein, eher aus Gründen der Sparsamkeit.

Drogerie-Eigenmarken oder Kosmetik-No-Names sind bis zu 60 Prozent günstiger als vergleichbare Markenware. Und wer die Werbeaussage zweier Produkte miteinander vergleicht, stellt schnell fest: Sie bieten offenbar auch dasselbe Wirkungsspektrum. Bei vergleichbarer Qualität?

Eben da zweifelt der Verbraucher. Zwar soll die auf jeder Produktverpackung angegebene INCI Auskunft über die enthaltenen Inhaltsstoffe geben, aber wer steigt da schon durch?

Auch ein Blick auf den Hersteller bietet wenig Informatives. Da tauchen unbekannte Namen wie Bellmira Cosmetic, Emil Kiessling oder Luhns GmbH auf, oder der Verbraucher wird mit der Angabe des Drogistennamens anstelle des tatsächlichen Herstellers vollkommen im Dunkeln gelassen. Letzteres bringt den interessierten und aufmerksamem Konsumenten erst recht ins Grübeln, denn es ist offensichtlich, dass die Drogisten DM, Rossmann, Ihr Platz und Schlecker nicht selbst produzieren sondern externe Hersteller mit der Produktion ihrer Eigenmarken beauftragen. Welche Hersteller das sind, ist Betriebsgeheimnis und wird um keinen Preis bekannt gegeben.

Warum nicht?

Bei den Herstellern der Drogerie-Eigenmarken handelt es sich überwiegend um dem Verbraucher weitestgehend unbekannte Lohnhersteller, die die Produkte im Auftrag der Drogisten anfertigen. Diese Lohnhersteller werden nicht namentlich auf den Produktverpackungen angeführt, damit der Verbraucher mit dem Produkt nicht den Namen des Lohnherstellers, sondern den Namen der Drogerie verbindet und so ein Handelsmarkenbewusstsein beim Konsumenten geschaffen werden kann.

Und wie steht es um die Qualität dieser No-Names, Drogerie-Eigenmarken und Handelsmarken? Diese Frage zu beantworten, ist Inhalt dieses Buchs. Dabei werden Sie hier kein allgemein gültiges Urteil über die Qualität von Drogerie-No-Names und -Eigenmarken, sondern vielmehr eine Produktanalyse hinsichtlich der Haut- und Gesundheitsverträglichkeit einiger Produkte und ihrer zu erwartenden Wirksamkeit finden. Basis der Qualitätsbeurteilung ist eine Analyse der enthaltenen Inhaltsstoffe gemäß der INCI des jeweiligen Produkts. Unter die Lupe genommen werden dabei Drogerie-Eigenmarken, No-Names und Handelsmarken von Hautpflegemitteln, Haarpflegemitteln und Deodorants, die ständig im Sortiment sind.

Ich bin sicher, Sie werden das eine oder andere überraschende Ergebnis über die Qualität einzelner Produkte erfahren, denn mir erging es nicht anders.

Viel Vergnügen!
Alexandra Heil

Spurensuche – wer macht was?

Auch Kosmetik-No-Names haben einen Hersteller – leider weiß kaum jemand, wer das ist. Ganz gleich, ob man sich gegenüber dem Drogisten als argloser Verbraucher, als hartnäckiger Journalist oder als branchenvertrauter Außendienstler ausgibt – man bekommt keine konkreten Angaben zu den Herstellern von günstiger No-Name- oder Eigenmarken-Ware. So bleibt einem nicht viel mehr, als sich mit der einzig wahren und bekannten Information zufriedenzugeben: dass nämlich die meisten Billigprodukte aus der Hand von dem Verbraucher weitestgehend unbekannten Lohnherstellern kommen.

Spurensuche – wer macht was?

No-Name – No-Hersteller?

No-Name-Produkte (Produkte ohne Marke) sind Produkte ohne erkennbaren Markennamen. In Deutschland kamen No-Name-Produkte zuerst im Lebensmittelhandel auf und wurden bald durch die so genannten Handelsmarken ersetzt, die eine Zuordnung zur jeweiligen Handelskette erlauben. Wer als Produzent dahinter steckt, ist für den Verbraucher auf den ersten Blick nicht zu erkennen.

Auf dem Kosmetiksektor verhält es sich kaum anders. Neben den bekannten Markenprodukten bietet sich dem Konsumenten eine Fülle unscheinbarer No-Names, die größtenteils als Drogerie-Eigenmarken bekannt sind: Produkte, die durch ihre meistens betont schlichte, zum Teil sogar billig wirkende Verpackung und den vergleichsweise günstigen Preis sofort als solche zu erkennen sind.

Jede Drogerie-Kette verfügt mittlerweile über mindestens eine Kosmetik-Eigenmarke, unter der kosmetische Produkte mit einer ähnlichen Werbeaussage wie die der Markenprodukte angeboten werden. Cremes für sensible Haut, Shampoos für coloriertes Haar, Körperlotions für trockene Haut – für jedes Problem scheint es ein passendes Produkt zu geben, und zwar sowohl ein Marken- als auch ein No-

Wenn in diesem Ratgeber von Kosmetik-No-Names und von Drogerie-Eigenmarken die Rede ist, sind damit sowohl die Eigenmarken der Drogisten und die Eigenmarken des Handels als auch die dem Verbraucher weitestgehend unbekannten Billigmarken gemeint.

Name-Produkt. Wie die Qualität des günstigeren Produkts zu beurteilen ist, teilweise auch im Vergleich mit einem Markenprodukt, wird in diesem Ratgeber aufgezeigt.

Kosmetik-No-Names – wer steckt dahinter?

Wer wissen möchte, welche Hersteller hinter den Kosmetik-No-Names stecken, stößt schnell an die Grenzen seiner Recherche. Auf den Verpackungen steht »Hergestellt für« plus Adresse des Drogisten, vereinzelt tauchen auch Firmen auf, die dem Verbraucher überhaupt nichts sagen. Das ist Methode, denn dem Drogisten ist sehr daran gelegen, die Identität der Hersteller seiner Produkte geheim zu halten. Kommuniziert werden soll lediglich die Zusammengehörigkeit von Produkt und Drogerie, damit der Verbraucher assoziiert: Dieses Produkt bekomme ich nur in »meiner« Drogerie.

Denn wer nachforscht, kommt bald zu einem recht verwirrenden Ergebnis: Anders als in der Lebensmittelbranche stecken hinter den Kosmetik-No-Names nicht fast ausschließlich Markenhersteller, sondern in sehr vielen Fällen dem Verbraucher weitestgehend unbekannte Lohnhersteller. Und nicht nur das: Kaum eine Kosmetiklinie einer Drogerie-Eigenmarke kommt komplett aus der Hand eines Lohnherstellers, in fast allen Fällen stecken hinter einer Linie zwei, vier oder mehre Produzenten. Der eine produziert die Gesichtspflege, der andere die Körperpflege, der Dritte die so genannten Aerosole, also Haarsprays, Schaumfestiger und Deodorants. Trotz ihrer unterschiedlichen

Herkunft werden diese Produkte unter ein und demselben Markennamen verkauft, nämlich unter dem Eigenmarkennamen der jeweiligen Drogerie.

Vor diesem Hintergrund ist es fast verständlich, dass die Drogisten die Herkunft ihrer Handelsmarken unter Verschluss halten, denn man stelle sich einmal die Verwirrung vor, die entstünde, wenn jeder Lohnhersteller auf der entsprechenden Produktverpackung namentlich angeführt würde. Eine Zusammengehörigkeit der Produkte zu einer Produktlinie herzustellen, wäre quasi unmöglich, ein Handelmarkenbewusstsein beim Verbraucher zu schaffen, nahezu ausgeschlossen.

Was sind Lohnhersteller?

Lohnhersteller sind Unternehmen, die im Auftrag ihres Kunden Produkte herstellen, abfüllen und fast immer auch konfektionieren, also verpacken. Lohnhersteller arbeiten sowohl nach vorgegebenen als auch nach eigenen Rezepturen und bieten fast immer auch die Herstellung der Rohstoffe, der so genannten Bulkware, an.

Einige wenige Lohnhersteller geben einen Teil ihrer Kunden bekannt, so zum Beispiel das Unternehmen DREITURM GmbH in Steinau (www.dreiturm.de), das unter anderem für die Marken frei® und Biomaris produziert.

Die Reichardt International AG (www.reichardt-int-ag.de) ist nach eigenen Angaben ein »durch Produktions-Outsourcing der Firma Goldwell GmbH, Darmstadt, entstandenes Unternehmen, welches sich auf das Herstellen und Abfüllen von kosmetischen und haarpflegenden Produkten spezialisiert hat.« Reichardt International produziert außerdem für Beiersdorf, Henkel, Wella, Guhl und L'Oréal, übernimmt aber nach eigener Auskunft »nicht das gesamte Sortiment an kosmetischen und haarpflegenden Produkten, sondern nur Teile davon«. Der Rest kommt daher entweder von den Unternehmen selbst, oder von anderen Lohnherstellern, deren Namen streng unter Verschluss gehalten werden.

No-Name – No-Quality?

Anzunehmen, die Geheimhaltung der Drogisten hinsichtlich der Hersteller ihrer Eigenmarken weise auf eine mindere Qualität hin, ist grundsätzlich falsch. Die meisten Lohnhersteller betonen zum Beispiel auf ihren Internetpräsenzen die uneingeschränkt gute Qualität ihrer Produkte, da sie fast alle nach ISO 9002 zertifiziert sind und streng nach den GMP-Richtlinien arbeiten.

Diese Beurteilung beinhaltet im Wesentlichen aber nur das Qualitätskriterium, dass der Verbraucher saubere, also unverschmutzte, nicht verschimmelte und hygienisch hergestellte und verpackte Ware bekommt.

Nach meinem Verständnis muss der Begriff »Qualität« jedoch sehr viel weiter gefasst und hinsichtlich der Haut- und Gesundheitsverträglichkeit eines Produkts und seiner zu erwartenden Wirksamkeit hinterfragt werden. Nur ein Produkt, das keine schädlichen Inhaltsstoffe ent-

Was bedeutet GMP?

Der Begriff GMP steht für Good Manufacturing Practice (Gute Herstellungspraxis) und kommt ursprünglich aus dem Arzneimittelbereich. Da sich allerdings die Anforderungen an kosmetische Mittel von denen der Arzneimittel unterscheiden, war es notwendig, für den Bereich der Kosmetika eigene Leitlinien zu erstellen. Diese berücksichtigen Anforderungen an das Personal, die Räumlichkeiten, die technische Ausrüstung, die Betriebshygiene, die Ausgangsmaterialien, Zwischenprodukte und unverpacktes Fertigprodukt, die Herstellung und Qualitätsprüfung. Zusammen mit einer umfangreichen Dokumentation wird durch die Einhaltung von Kosmetik-GMP sichergestellt, dass die Produkte den Verbraucher in einwandfreiem Zustand erreichen.

Quelle: Arbeitsgemeinschaft ästhetische Dermatologie und Kosmetologie e. V. / www.haut.de

hält, ist ein hinsichtlich seiner Haut- und Gesundheitsverträglichkeit qualitativ hochwertiges Produkt. Und nur ein Produkt, dessen Inhaltsstoffe auf eine der Werbeaussage entsprechende Wirksamkeit schließen lassen, kann qualitativ hochwertig sein. Meine Produktbeurteilung besteht deshalb aus zwei Teilen: Der Bewertung der Haut- und Gesundheitsverträglichkeit und der zu erwartenden Wirksamkeit.

In diesem Ratgeber erfahren Sie nicht nur die zu erwartende Wirksamkeit der Inhaltsstoffe und Inhaltsstoff-Zusammensetzungen, sondern auch deren Hautverträglichkeit. Denn als aufmerksamer Verbraucher ahnen Sie bereits, dass längst nicht alles so unbedenklich ist, wie es laut Werbeaussage und Verpackungsaufmachung zu sein scheint.
Die auf jeder Verpackung angegebene INCI hilft Ihnen kaum weiter: Etwa 6300 Einzelstoffe können hier aufgelistet sein. Wenn Sie nur 20 davon kennen, sind Sie schon gut. Das nachfolgende Kapitel hilft Ihnen dabei, etwas Licht ins Dunkel zu bringen: Sie erfahren, in welche Klassen sich die INCI einteilen lässt, welche wesentliche Inhaltsstoffe in Kosmetika enthalten und wie diese hinsichtlich ihrer Haut- und Gesundheitsverträglichkeit zu bewerten sind.

Drin ist, was draufsteht

INCI – Fachchinesisch oder Kauderwelsch?

Die Idee ist gut: Seit 1998 müssen die Inhaltsstoffe eines Kosmetikproduktes in den EU-Ländern gemäß gesetzlichen Bestimmungen (§5, Abs. 4 KVO) auf der Verpackung oder dem Beipackzettel des Produkts mit so genannten INCI-Bezeichnungen deklariert werden. INCI steht für »International Nomenclature Cosmetic Ingredients« (Internationale Nomenklatur für kosmetische Inhaltsstoffe) und bezeichnet eine Liste, in der Kosmetik-Inhaltsstoffe in englischer Sprache bzw. mit ihrem lateinischen Namen aufgelistet werden, und zwar entsprechend ihrem Mengenanteil am Gesamtprodukt in absteigender Reihenfolge. Das bedeutet: Der Inhaltsstoff mit dem größten Anteil am Gesamtprodukt wird zuerst aufgeführt, dann folgen die mengenmäßig geringer vertretenen Produkte. Ab einem Gehalt von bis zu einem Prozent können die Inhaltsstoffe in ungeordneter Reihenfolge stehen.

Mit Hilfe der INCI soll der Verbraucher erkennen können, ob das Produkt für seinen Hauttyp geeignet ist, oder ob Stoffe enthalten sind, die er zum Beispiel wegen einer Allergie besser meiden sollte. Leider wirft der Blick des Laien auf eine INCI oft mehr Fragen auf, als er klärt, denn viele der angegebenen Inhaltsstoffe sind für den Verbraucher kaum auszusprechen, geschweige denn zu verstehen. Wer sich kundig machen will, benötigt deshalb einschlägige Literatur mit einer alphabetischen Auflistung sämtlicher in kosmetischen Produkten vorkommender Inhaltsstoffe. Solche sehr gut aufbereiteten Ratgeber sind selbstverständlich erhältlich, doch kaum ein Verbraucher, der sich nur einen groben Überblick über die Inhaltsstoffe eines Produkts verschaffen möchte, stellt sich mit einem solchen Buch vor ein Regal mit Hautpflegeprodukten.

Kosmetik-Inhaltsstoffe

Die Inhaltsstoffe der INCI lassen sich im Wesentlichen in vier Klassen einteilen. Oder anders ausgedrückt: Fast jedes kosmetische Produkt enthält Inhaltsstoffe aus mindestens vier verschiedenen Klassen: den Basisstoffen, den Hilfsstoffen, den Wirkstoffen und den Duftstoffen.

Basisstoffe

Basisstoffe in Hautpflegeprodukten

Basisstoffe sind Substanzen, die meist auch in der Haut vorkommen und daher ihrer Gesunderhaltung dienen. Dazu gehört zunächst **Wasser**, das auf der INCI eines jeden Hautpflegeprodukts an erster Stelle steht. Unsere Haut besteht zu 80 Prozent aus Wasser, und so ist es naheliegend, dass Wasser den größten Anteil in einer Creme hat. Da Wasser allein nicht hautpflegend wirkt, bedarf es weiterer Basisstoffe wie den Lipiden.

Lipide ist eine Sammelbezeichnung für natürliche Fettstoffe, die die Haut vor dem Austrocknen und schädlichen Umwelteinflüssen schützen und eine zu schnelle Verdunstung der Hautfeuchtigkeit verhindern sollen. Dazu gehören Wachsalkohole (wie Cerylalkohol), Sterole (wie Cholesterol), Fettsäuren (wie Palmitinsäure, Stearinsäure) und Ester.

Zu den chemisch komplexen Lipiden gehören auch Phospholipide wie Lecithin, das auch als Wirkstoff Verwendung findet.

Ferner sorgen Triglyceride (wie Caprylic/Caprylic Triglyceride) und Diglyceriden (mit Glycerin verbundene Fettsäuren), die ebenfalls zur Klasse der Lipide gehören, sowie Squalen (Squalan, ein Kosmetiköl, das aus Olivenöl, Fischlebertran oder synthetisch gewonnen wird) für eine Fett-Basis in den meisten Hautpflegeprodukten.

In der konventionellen Kosmetik werden diese hochwertigen Inhaltsstoffe oft auch durch deutlich preiswertere Mineralölprodukte wie Vaseline (Petrolatum), Paraffinöle (Mineral Oil, Paraffinum liquidum) und Silikone ersetzt. Physiologisch gesehen sind das jedoch hautfremde Stoffe, die die Eigenregeneration der Haut beeinflussen und deshalb als bedenklich gelten.

Paraffine *(Erdölprodukte/Silikone) ist die Sammelbezeichnung für unzählige künstliche Stoffe, darunter auch Vaseline, die wegen ihrer seidigen, feinen Konsistenz häufig als kosmetische Bestandteile eingesetzt werden. Sie fungieren als Ersatz für hochwertige pflanzliche Öle und werden meist aus billigem Erdöl hergestellt. Paraffine besitzen die Eigenschaft, die Haut weich und geschmeidig zu machen, da sie sich wie ein schützender Film auf die Haut legen.*
Die Kehrseite: Durch genau diesen Film wird die Hautatmung blockiert, bei langfristiger Anwendung kann die Haut austrocknen. Von einigen Paraffinen weiß man, dass sie sich in Leber, Niere und Lymphknoten anreichern können, vereinzelt zeigen sich entzündliche Reaktionen der Herzklappen.

Basisstoffe in Tensidpräparaten

Tensidpräparate sind Produkte mit einem hohen Gehalt an waschaktiven Substanzen, so genannten **Tensiden,** die der Haut- und Haarreinigung dienen. Also Flüssigseifen, Duschbäder, Shampoos und dergleichen.

In diesen Tensidpräparaten sind Tenside wie Laureth- und Laurylsulfate (wie Ammonium Laureth Sulfate, Ammonium Lauryl Sulfate) die Basisstoffe. Tenside fungieren auch als Emulgatoren und Antistatika (siehe auch Antistatika).

Basisstoffe in Deodorants

Basisstoffe, wie sie in Haut- und Haarpflegemitteln zum Einsatz kommen, gibt es in Deodorants nicht. Deodorants bestehen vor allen aus Wirkstoffen, zu denen Geruchsabsorber und keimhemmende Mittel gehören (siehe auch Wirkstoffe in Deodorants).

Hilfsstoffe

Hilfsstoffe in Hautpflegeprodukten

Hilfsstoffe sind Stoffe, die für das Produkt, aber nicht unbedingt für die Haut von Bedeutung sind wie **Emulgatoren,** die Fett bzw. Öl und Wasser zu einem fein verteilten Gemisch vermengen – einer Emulsion. Bei Cremes und Emulsionen unterscheidet man zwischen Öl-in-Wasser- und Wasser-in-Öl-Emulgatoren (O/W- und W/O-Emulgatoren), abhängig davon, welcher Anteil der beiden Stoffe größer ist. In Hautpflegeprodukten findet man überwiegend O/W-Emulgatoren, die zum großen Teil PEG-basiert sind.

PEGs *(Polyethylenglycole) fungieren als Emulgatoren, Lösemittel, Konsistenzgeber, Bindemittel und Weichmacher, in Shampoos auch als Tenside, und klassifizieren sich damit zu Allroundern in kosmetischen Produkten. Ihnen wird allerdings nachgesagt, die Haut poröser und durchlässiger zu machen und die hauteigenen Schutzmechanismen zu schwächen, was dazu führt, dass Schadstoffe problemlos in die Haut eindringen können. PEGs sind deshalb in Kombination mit schadstoffbelasteten oder toxischen Substanzen besonders bedenklich.*

Antioxidantien *haben zweierlei Funktion: Sie verhindern das Ranzigwerden der Inhaltsstoffe und damit das Verderben des Produkts, und sie dienen als Radikalfänger und damit als Hautschutzwirkstoff. Zu den natürlichen Antioxidantien gehören die Vitamine A, C, E und Beta-Carotene, zu den synthetischen die Phenolderivate BHT und BHA.*

Als Emulgatoren natürlichen Ursprungs gelten Wollwachs (Lanolin), Lecithin, Sterole (wie Cholesterol, Phytosterole, Sitosterol) und Zuckerester.

Weitere Hilfsstoffe sind **Komplexbildner**, die als Wasserenthärter fungieren. Oft verwendete Komplexbildner sind Disodium EDTA, NTA (Nitrilotriessigsäure) und Citric Acid (Zitronensäure). Komplexbildner werden oft in Kombination mit Antioxidantien eingesetzt, die ebenfalls als Hilfs-, aber auch als Wirkstoffe fungieren (siehe auch *Antioxidantien*).

Die bekanntesten, weil umstrittensten Hilfsstoffe, sind die **Konservierungsmittel.** Sie schützen das Produkt vor dem Verderb durch Mikroorganismen wie Bakterien, Pilze und Hefen. Konservierungsmittel gelten vor allem deshalb als bedenklich, weil sich unter ihnen Formaldehyde bzw. Formaldehydabspalter befinden.

Sehr oft kommen auch konservierende Kosmetikbestandteile auf Halogenbasis zum Einsatz wie Chloroacetamide, Chlorphenesin, Iodopropynyl Butylcarbamate, Potassium Iodide, Methyldibromo Glutaronitrile, Methylchloroisothia-

Formaldehyd *ist einer der gesundheitsschädlichsten Stoffe, der auf jeden Fall gemieden werden sollte. Das zur Weltgesundheitsorganisation gehörende Internationale Krebsforschungsinstitut IARC (International Agency for Research on Cancer) stuft Formaldehyd jetzt als krebserregend für Menschen ein, bisher galt der Stoff lediglich als »wahrscheinlich krebserregend«. In Kosmetika enthaltene Formaldehydabspalter sind: 2-Bromo-2-Nitropropane-1, 3-Diol, Bronopol, 5-Bromo-5-Nitro-1, 3-Dioxane, Bronidox, Diazolidinyl Urea, DMDM Hydantoin, Imidazolidinyl Urea.*

Nitrosamine *gehören zu den am stärksten krebserregenden Substanzen. Sie können aus kosmetischen Produkten über die Haut in den Körper eindringen. Da Nitrosamine die Zellmembranen leicht durchdringen, können sie sozusagen an jedem Organ des Körpers Krebs erregen.*
Neben den Konservierungsstoffen gibt es eine Reihe weiterer Stoffe, die im Verdacht stehen, Nitrosamine zu bilden oder Rückstände von Nitrosaminen zu enthalten: Acetamide MEA, die Farbstoffe CI 11680, CI 11710, CI 60725, CI 61565 und CI 61570, Cocamide DEA, Cocamidopropylamine Oxide, DEA-Cetylphosphat, Ethanolamine, Lactamide MEA, Lauramide DEA, Lauramine Oxyde, Oleamide DEA, Sodium Ascorbyl Phosphate, Soyamide DEA, TEA, TEA-Dodecyl Benzene sulfonate, TEA Lactat, TEA-Lauryl Sulfate, TEA-Stearate, Triethanolamine, Tromethamine und Undecyleneamide DEA.

zolinone und Triclosan. Sie sollen das krebserregende Formaldehyd ersetzen, gelten aber selbst als hochgradig bedenklich, da toxisch und zellschädigend. Halogenorganische Substanzen oder Verbindungen gelten als Allergie auslösend, eiweiß- und erbgutverändernd. Sie können sich im Gewebe anlagern und dort Schädigungen hervorrufen und krebserregende Nitrosamine bilden.

Weitere synthetische Konservierungsmittel sind **Parabene**, in der INCI gut zu erkennen an dem Wortbestandteil »parabene«: Methylparabene, Ethylparabene, Propylparabene, Butylparabene. Parabene galten lange Zeit als potente Allergieauslöser. Auch wenn neueste Untersuchungen diesen Verdacht nicht bestätigen, müssen sie weiterhin als bedenklich eingestuft werden. Anlass dazu geben unter anderem die Veröffentlichungen der Deutschen Krebsgesellschaft e.V. (siehe Kasten unten).

Im Januar 2004 warnte die Deutsche Krebsgesellschaft e.V. vor dem Gebrauch parabenhaltiger Deodorants. Sie bezog sich damit auf die Veröffentlichung einer britischen Studie im »Journal of Applied Toxicology«, der zufolge ein Zusammenhang zwischen parabenhaltigen Deodorants und Brustkrebs bestehen könnte.
Britische Wissenschaftler haben in 18 von 20 Brustkrebsproben Paraben nachweisen können. Paraben hat eine dem weiblichen Hormon Östrogen ähnliche Aktivität. Östrogen wiederum gilt als Wachstumsfaktor für Brustkrebs. Ein ursächlicher Zusammenhang zwischen Paraben und Brustkrebs kann durch die bisherigen Untersuchungen jedoch nicht bewiesen, aber auch nicht ausgeschlossen werden.
Quelle: Deutsche Krebsgesellschaft e.V.

In einigen Produkten der konventionellen Kosmetik findet man **Phenol- und Phenylzusammensetzungen** als Konservierungs- und Farbstoffe. Dabei handelt es sich um ein Zellgift, das die Zellwände zerstört, was dazu führt, dass die Haut auf Dauer erschlafft. Nach der Kosmetikverordnung ist Phenol als Desinfektionsmittel nur in Seifen und Shampoos zugelassen, und auch hier nur mit einem Gehalt

von maximal 1 Prozent. Es kann selbst in stark verdünnten Lösungen zu Hautreizungen führen und muss auf der Produktverpackung gekennzeichnet sein: »Enthält Phenol« bzw. »Enthält Phenylendiamine«.

Haut- und gesundheitsverträgliche Konservierungsmittel sind natürliche Antioxidantien (siehe *Antioxidantien*) und ätherische Öle wie Eugenol, Thymol und Geraniol.

Darüber hinaus gibt es eine Reihe von Konservierungsmitteln, die zwar nicht als krebserregend gelten, aber trotzdem nicht empfehlenswert sind: Dazu gehören Ameisensäure (Formic Acid, kann Hautreaktionen hervorrufen), Benzoesäure (Benzoic Acid, kann Allergien auslösen), Phenoxyethanol, Salicylic Acid (Salicylsäure) und Sorbinsäure (Sorbic Acid, kann allergische Reaktionen hervorrufen).

Weitere Hilfsstoffe sind **Weichmacher**. Sie verhindern in festen kosmetischen Produkten (wie Seifenstücken) Sprödigkeit und Rissbildung, geben Haarspray mehr Elastizität und Geschmeidigkeit und machen die Haut geschmeidig und glatt. Verwendete Weichmacher sind Acrylate, Silikone und Phthalate, die in haut- und gesundheitsverträglicher Hinsicht jedoch alle bedenklich sind.

In vielen kosmetischen Produkten, die eine gelartige Konsistenz besitzen, sind außerdem **Gelbildner** als weitere Hilfsstoffe enthalten. Gelbildner verleihen einer flüssigen Zubereitung eine feste, für den Verbraucher als angenehm empfundene Konsistenz. Zu den natürlichen Gelbildnern gehören Agar-Agar, Carrageenan (Isländisches Moos), Alginsäure, Stärke oder (selten) Gelatine.

Phthalate *sind hochgiftig und stehen im Verdacht, Leber, Nieren und Fortpflanzungsorgane zu schädigen und wie ein Hormon zu wirken und sich dadurch reduzierend auf die Fruchtbarkeit insbesondere bei Männern auszuwirken.*
Diethylphthalat wird unter anderem zur Vergällung von Alkohol eingesetzt. Es wird von der Haut aufgenommen und beeinflusst ihren Schutzmechanismus. Phthalate und Phthalate-Zusammensetzungen sind auf der INCI eines Produkts an dem Wortbestandteil »phthalate« zu erkennen, in Haarsprays verstecken sie sich oft hinter dem Markennamen Palatinol.

Anorganische Gelbildner sind Bentonite, Hectorite, Magnesium Aluminium Silicate und Kieselsäure (Silica), halbsynthetische Gelbildner sind Carboxymethylcellulose, Hydroxyethyl- und Propylcellulose und Methylcellulose und vollsynthetische Gelbildner sind Polyvinylalkohol (PVA), Polyacrylsäure, Acryl-Copolymere und Polyacrylate.

Eine weitere Bedeutung kommt **Feuchthaltemitteln** zu, die – anders als man annehmen sollte – nicht die Haut, sondern das Produkt feucht halten und deshalb zur Gruppe der Hilfsstoffe gehören. Feuchthaltemittel verbessern außerdem die Verteilbarkeit eines Produkts. Zu ihnen gehören Stoffe wie Sorbit, Milchsäure (Lactic Acid), Glycerol, Glykole und Polysaccharide.

Stoffe, die sich auf das Feuchthaltevermögen der Haut auswirken, nennt man Feuchtigkeitsspender.

Hilfsstoffe in Tensidpräparaten

Tensidpräparate wie Shampoos, Duschbäder und Flüssigseifen enthalten neben Konservierungsmitteln so genannte **Verdickungsmittel**, auch Konsistenzregler genannt. Gebräuchliche Verdickungsmittel in Tensidpräparaten sind Natriumchlorid (Sodium Chloride) oder Hectorite (wie Disteardimonium Hectorite, Stearalkonium Hectorite).

Die meisten Tensidpräparate der konventionellen Kosmetik enthalten außerdem **Schaumstabilisatoren**, die das Zusammenfallen des Schaums verzögern. Gängige Schaumstabilisatoren sind Sodium Cocoamphodiacetate und Cocamide DEA, wobei letzterer Rückstände von krebserregenden/-verdächtigen Nitrosaminen enthalten kann und deshalb nicht empfehlenswert ist.

Hilfsstoffe in Deodorants

In Deodorants findet man das Gegenteil von Schaumstabilisatoren: **Schauminhibitoren**, die die Neigung zur Schaumbildung reduzieren. Sehr wirksame Schauminhibitoren sind Silikone, die aber hinsichtlich ihrer Haut- und Gesundheitsverträglichkeit als bedenklich gelten (siehe auch *Paraffine*). Als **Lösungsmittel** (und wegen seiner desodorierenden Wirkung) wird vielen Deos auch Alkohol zugesetzt, der die Haut allerdings stark austrocknen kann und deshalb nur eingeschränkt empfehlenswert ist.
Als **Duftstabilisatoren** findet man in Deodorants häufig Phthalate, die ebenfalls nicht empfehlenswert sind (siehe auch *Phthalate*).

Wirkstoffe

Wirkstoffe in Hautpflegeprodukten

Wirkstoffe sind Inhaltsstoffe, die neben den pflegenden Eigenschaften der Basisstoffe Effekte zeigen, die für das Produkt charakteristisch sind oder sein sollen. Sie lassen sich leichter identifizieren als die Basisstoffe, da ihre Bezeichnungen geläufiger sind: Glycerin, Vitamin A (Retinol), Vitamin C (Ascorbic Acid), Vitamin E (Tocopherol bzw. Tocopheryl Acetate), D-Panthenol (Panthenol), Hyaluronsäure (Hyaluronic Acid) und Milchsäure (Lactic Acid). Zu diesen gängigen Wirkstoffen kommen – je nach gewünschter Wirkung des Produkts – weitere Stoffe hinzu, die fast immer auch als Produktcharakteristikum definiert und auf der Produktverpackung extra ausgezeichnet werden: Coenzym Q10 (Ubiquinone), Avocadoöl, Ringelblume (Calendula Officinalis), Urea, Aloe Vera, Bisabolol, Meeresmineralien in Form von Meersalz oder Algen und dergleichen mehr.

Zusätzlich enthaltene pflanzliche Inhaltsstoffe tragen in der INCI ihren lateinischen (selten auch ihren englischen) Namen und sind daher relativ gut zu identifizieren.

Wirkstoffe in Tensidpräparaten

Ein Tensidpräparat, also ein Reinigungsprodukt, soll vor allem eines – reinigen. Deshalb sind die enthaltenen Tenside (siehe auch *Tenside*) sowohl Basis- als auch Wirkstoffe eines Tensidpräparates. Trotzdem kommt ein Reinigungsprodukt kaum ohne weitere Wirkstoffe aus, die es zu einem ganz bestimmt Haut- bzw. Haartyp und einem Anwendungszweck passen lassen: Mandelölextrakte als Zusatz in

Duschbädern für trockene Haut, Provitamin B5 (Panthenol) als Zusatz in Shampoos für empfindliches Haar, Olivenöl als Zusatz in Seifen – den Herstellern sind da kaum Grenzen gesetzt.

Wirkstoffe in Deodorants

Bei Deos muss man zunächst unterscheiden zwischen Antitranspirantien und Deodorants.

Deodorants übertünchen primär den Achselgeruch durch Duftstoffe und enthalten bakterienhemmende Stoffe, die dafür sorgen, dass sich die Bakterien in der Achselhöhle nicht zersetzen und so unangenehmen Körpergeruch erzeugen. In der Regel besitzen sie auch eine antibakterielle Wirkung, wodurch die Bakterienanzahl in der Achselhöhle reduziert wird. Bakterienhemmende Mittel sind zum Beispiel Triclosan, das auch als Konservierungsmittel zum Einsatz kommt (und in Verruf geraten ist) und gesundheitsverträglicheres Farnesol.

Antitranspirantien regulieren in erster Linie die Schweißabsonderung, indem sie die Ausgänge der Schweißdrüsen verengen und so den Schweißfluss reduzieren. Sie arbeiten mit adstringierend wirkenden Stoffen wie Aluminiumsalzen, Zirkonverbindungen, Salbeiextrakten oder Alaun.

Moderne Deos kombinieren beide Methoden, wirken also sowohl antibakteriell als auch adstringierend.

Duftstoffe

Duftstoff ist der Sammelbegriff für Substanzen, die einem Produkt allein wegen seines Aromas beigemischt werden. In der INCI waren Duftkompositionen bislang mit dem Sammelbegriff »Parfum« gekennzeichnet. Aufgrund der von EU-Rat und EU-Parlament am 27. 2. 2003 beschlossenen 7. Änderungsrichtlinie müssen 26 Duftstoffe, die häufiger im Zusammenhang mit allergischen Reaktionen stehen, gesondert gekennzeichnet werden. Diese Duftstoffe sind

alpha-Amylzimtaldehyd	INCI: Amyl Cinnamal
Benzylalkohol	INCI: Benzyl Alcohol
Zimtalkohol	INCI: Cinnamyl Alcohol
Citral	INCI: Citral
Eugenol	INCI: Eugenol
Hydroxycitronellal	INCI: Hydroxycitronellal
Isoeugenol	INCI: Isoeugenol
Amylzimtalkohol	INCI: Amylcinnamyl Alcohol
Benzylsalicylat	INCI: Benzyl Salicylate
Zimtaldehyd	INCI: Cinnamal
Cumarin	INCI: Coumarin
Geraniol	INCI: Geraniol
Hydroxy-methylpentyl-cyclohexencarboxaldehyd	INCI: Hydroxyisohexyl 3-Cyclohexene Carboxaldehyde
Anisalkohol	INCI: Anise Alcohol
Benzylcinnamat	INCI: Benzyl Cinnamate
Farnesol	INCI: Farnesol
2-(4-tert-Butylbenzyl) Propionaldehyd	INCI: Butylphenyl Methylpropional

Linalool	**INCI: Linalool**
Benzylbenzoat	**INCI: Benzyl Benzoate**
Citronellol	**INCI: Citronellol**
Alpha-Hexylzimtaldehyd	**INCI: Hexyl Cinnamal**
d-Limonen	**INCI: Limonene**
Methylheptincarbonat	**INCI: Methyl 2-Octynoate**
3-Methyl-4-(2,6,6-trimethyl-2-cyclohexen-1-yl)-3-buten-2-on	**INCI: Alpha-Isomethyl Ionone**
Eichenmoos- und Baummoosextrakt	**INCI: Evernia Prunastri Extract**
Baummoosextrakt	**INCI: Evernia Furfuracea Extract**

Moschus *ist ein Drüsensekret des Moschustieres und war lange Zeit ein begehrter Grundstoff der Parfümerie, da er mit vielen anderen Duftkomponenten harmoniert und als Sexuallockstoff gilt. Als Ersatz für das teuere, natürliche Moschus wurden eine Reihe von synthetischen Ersatzstoffen wie Nitromoschusverbindungen und polyzyklische Moschusverbindungen entwickelt.*

Einige Moschusverbindungen (wie Moschus Ambrette) zeigen im Tierversuch eine schädigende Wirkung auf das Nervensystem und sind deshalb für die Verwendung in Kosmetikprodukten verboten. Leider gibt es einige weitere Verbindungen wie Moschus Xylol und Moschus Keton, die für den Einsatz in allen kosmetischen Mitteln – mit Ausnahme der Zahnpflegemittel – bis zu bestimmten Gehalten zugelassen sind. Sie gelten aber dennoch als gesundheitsunverträglich, sind teilweise in der Muttermilch nachweisbar, gelten als krebserregend und stehen im Verdacht, sich negativ auf die Fruchtbarkeit des Menschen auswirken zu können.

Nitromoschusverbindungen sind: Moschus Xylol, Moschus Keton, Moschus Mosken, Moschus Ambrette, Moschus Tibeten.

Polyzyklische Moschusverbindungen sind: Galaxolid, Tonalid, Celestolid, Phantolid, Traseolit.

Diese Deklarationspflicht, die letztlich nur für Duftstoffallergiker von Interesse ist, schließt nicht die zusätzliche Verwendung von Parfum aus – was um so bedenkenswerter ist, als dass es sich bei den meisten Parfum-Zusätzen um synthetische Parfumstoff-Mischungen handelt, die nitro- und polyzyklische Moschusverbindungen enthalten. Diese gelten als krebserregend und Erbgut verändernd, gehören zu den häufigsten Allergieauslösern und sollten deshalb unbedingt gemieden werden.

Was sonst noch drin ist – weitere Inhaltsstoffe

Wer glaubt, mit pflegenden Kosmetika das Thema Farbstoffe zu umgehen, irrt. **Farbstoffe** sind in fast jedem Produkt enthalten, das nicht durchsichtig oder schmuddelig graubraun ist. Jede Hautcreme, jedes Shampoo enthält Farbstoffe, die dem Produkt eine attraktive Farbigkeit verleihen: je nach Werbeaussage medizinisch-steriles Blau-Türkis, Natürlichkeit suggerierendes Gelb-Orange oder sachlich-kühles Weiß. Diese Farbenfreude entsteht durch den Zusatz überwiegend hochgiftiger Stoffe, die Rückstände von aromatischen Aminen enthalten können, die wiederum Bausteine von Azofarben sind, von denen sich einige im Tierversuch als krebserzeugend erwiesen haben.

Keinen Deut besser ist das Gegenteil von Farbstoffen: **Bleichmittel**. Und zwar nicht (nur) zum gezielten Erhellen der Haare, sondern als Anti-Falten-Wirkstoff, denn Falten fallen auf heller Haut weniger auf als auf dunkler. Der erschreckende Effekt dabei: Bleichmittel machen die Haut langfristig dünner. Wer sich also über die Verjüngungswirkung freut und entsprechend regelmäßig ins Töpfchen greift, muss mit scheußlichen Langzeitschäden rechnen.

Oft verwendete, teilweise krebserregende Bleichmittel sind Sodium Perborate und zahlreiche Ammonium-Derivate wie Ammonium Lauryl Sulfate (kommt auch als Tensid zum Einsatz) sowie Benzyl Triethyl Ammonium Chloride, das auch als Antistatikum in Shampoos zu finden ist. Benzyl Triethyl Ammonium Chloride gelten außerdem als hautirritierend, augen- und schleimhautreizend.

Ein heißes Thema sind auch chemische **Sonnenschutzfilter**, die in zahlreichen Hautpflegeprodukten Verwendung finden. Bevorzugt auch in Anti-Ageing-Cremes, weil so der Bildung von Zeichen vorzeitiger Hautalterung durch Sonneneinstrahlung vorgebeugt werden soll. Die meisten chemischen Lichtschutzfilter gelten mindestens als allergisierend, zum Teil auch als hochgradig krebserregend.

Empfehlenswerte Lichtschutzfilter arbeiten physikalisch. Sie bilden einen Film oder eine dünne Schicht auf der Hautoberfläche und verbleiben dort als Sonnen-Barriere. Die UV-Strahlung (UV-A + UV-B) wird reflektiert, die Haut bleibt unbelastet. Gute, nicht gesundheitsschädliche Lichtschutzfilter sind zum Beispiel Zinkoxid oder Titandioxid.

Derivate *sind Abkömmlinge einer Formel oder Struktur, im chemischen Sinne eine Verbindung, die aus einer anderen entstanden ist.*

Chemische Lichtschutzfilter *Lichtschutzfilter sollen sich auf der Haut anlagern und das Sonnenlicht reflektieren. Vor Jahren wurde jedoch schon nachgewiesen, dass die meisten chemischen Lichtschutzfilter nicht uv-stabil sind und hormonaktive Wirkungen zeigen. Sie dringen teilweise tief in die Haut ein, wodurch eine verstärkte chemische Belastung und ein teilweise sogar sehr hohes Allergie- bzw. Unverträglichkeitsrisiko entsteht. Untersuchungen wie die der Universität Zürich haben gezeigt, dass folgende UV-Filter ein hohes gesundheitliches Risiko bergen, teilweise in der Muttermilch, Fischen und Seen nachgewiesen wurden: Benzophenone-1 (BP-1), Benzophenone 2 (BP-2), Benzophenone-3 (BP-3), Homosalate (HMS), 4-Methyl-benzylidene camphor (4-MBC), 3-Benzylidene camphor (3-BC), Octyl Methoxy Cinnamate (OMC) und Octyl-dimethyl PABA (OD-PABA).*

Antistatika, auch Kämmbarkeitshilfen genannt, verringern die elektrostatische Aufladung der Haaroberfläche. Die Wirkung von Antistatika beruht vor allem darauf, dass sie das Haar mit einem Überzug versehen, der ein elektrostatisches Aufladen durch Reibung verhindert. Verwendete Antistatika sind Acetamidoethoxybutyl (Acetamidopropyl), Trimonium Chloride (umstritten), Acetum (Essig), Acetylmethionyl Methylsilanol Elestrinate (umstritten), Adipic Acid/Diethylaminohydroxypropyl Diethylenetriamine Copolymer (umstritten), Allantoin Acetyl Methionine, Almondamidopropyl Dimethylamine (umstritten) und Aluminium Capryloyl Hydrolyzed Collagen (umstritten).

Warum überhaupt gesundheitsgefährdende Inhaltsstoffe?

Informationen über nachweislich gesundheitsgefährdende oder vermeidlich schädliche Inhaltsstoffe wie die bereits angeführten lesen sich wie Horror-Nachrichten eines schlecht gemachten Science-Fiction, und man fragt sich unweigerlich, warum Schadstoffe in Kosmetika immer noch verwendet werden. Die Antwort ist relativ einfach: Weil sie billig in der Herstellung und unkompliziert in der Verarbeitung sind. Und weil sie vordergründige Verbraucherinteressen erfüllen, das heißt die Haut geschmeidig machen, ordentlich schäumen, sich angenehm anfühlen oder wunderbar riechen. Es ist außerdem nicht zu leugnen, dass einige der umstrittenen Inhaltsstoffe den gewünschten Effekt auf Haut oder Haar zeigen, jedenfalls eine Zeit lang. Bis unerwünschte Nebenwirkungen die erwünschten Wirkungen grausam in den Schatten stellen.

Die Qualität eines Produkts – ganz gleich welches – bewerten zu können, setzt die Festlegung von Kriterien voraus. Und genau die finden Sie im nachfolgenden Kapitel.
Dabei erfahren Sie, nach welchen Kriterien die Haut- und Gesundheitsverträglichkeit eines Produktes zu beurteilen ist, woraus sich seine voraussichtliche Wirksamkeit ableiten lässt und wie die Qualität eines Produkts im Vergleich zur Markenware einzuschätzen ist. Der Qualitätsbeurteilung zugrunde liegt eine INCI-Analyse, d. h. alle Qualitätsurteile erfolgen auf Basis der enthaltenen Inhaltsstoffe eines Produkts. Sie erhebt nicht den Anspruch, eine chemische Analyse zu ersetzen.

Unter der Lupe – die Sparsamen

Die Beurteilung der Qualität

Um eins vorwegzunehmen: Dieser Ratgeber ist keine Zusammenfassung der Testergebnisse des ÖKO-TEST Verlags oder der Stiftung Warentest. Denn um zu erfahren, wie dort die Produkte beurteilt werden, brauchen Sie lediglich etwas Zeit für die Recherche, aber kein neues Buch.

Ziel dieses Ratgebers hingegen ist es, Ihnen aufzuzeigen, welche Inhaltstoffe in den Kosmetik-No-Names enthalten und wie diese hinsichtlich Ihrer Wirksamkeit und auch ihrer Haut- und Gesundheitsverträglichkeit zu bewerten sind.

Die nachfolgende Produktanalyse erfolgt auf Basis der Herstellerangaben bzw. der INCI der jeweiligen Produktverpackung. Dabei berücksichtigt werden alle angeführten Inhaltsstoffe ungeachtet ihrer Anteile am Gesamtprodukt. So erklären sich auch die unterschiedlichen Angaben zwischen den Testergebnissen dieses Ratgebers und denen beispielsweise des ÖKO-TEST Verlags: Wo der ÖKO-TEST Verlag beispielsweise ein gutes oder sehr gutes Produkturteil vergibt, wenn das Produkt weniger als 10 Prozent Paraffine/Silikone/Erdölprodukte in der Lipidphase enthält, wird hier das Qualitätsurteil »weniger gut« vergeben. Denn für eine sehr gute oder gute Haut- und Gesundheitsverträglichkeitsollte konsequent auf Paraffine verzichtet werden, auch auf sehr geringe Anteile im Produkt.

Die Produktbewertung

In der nachfolgenden Analyse auf Basis der INCI werden drei Qualitätsurteile vergeben, die sich auf die Haut- und Gesundheitsverträglichkeit des jeweiligen Produkts beziehen: sehr gut, gut, weniger gut.

●●● Haut- und Gesundheitsverträglichkeit: sehr gut
Mit »sehr gut« werden alle Produkte beurteilt, die keinerlei gesundheitsgefährdende, allergisierende und umstrittene Inhaltsstoffe enthalten. Die Bewertung schließt jedoch nicht aus, dass im Einzelfall allergische Reaktionen auftreten können.

●● Haut- und Gesundheitsverträglichkeit: gut
Für »gut« befunden werden nach dieser INCI-Untersuchung alle Produkte, die entsprechend den INCI-Angaben keine Formaldehydabspalter, keine Quecksilberverbindungen, keine halogenorganischen Verbindungen, keine PEG-basierten Stoffe, keine chemischen UV-Filter, keine Paraffine/Silikone, keine Moschusverbindungen, keine bedenklichen Farbstoffe und andere Stoffe, die als krebserregend, eiweißverändernd oder fruchtschädigend gelten, enthalten, und zwar ungeachtet ihrer Anteile am Gesamtprodukt. Unter das Qualitätsurteil »gut« fallen auch Produkte, die beispielsweise allergisierende Stoffe (sofern diese lediglich ein Allergierisiko und keine nachweisbaren oder potenziellen Gesundheitsbeeinträchtigungen aufweisen) enthalten. Hier muss jeder für sich entscheiden, wie hoch er sein Risiko, an einer Allergie zu erkranken, einschätzt, und ob ihn diese Einschätzung dazu veranlasst, dieses Produkt zu vermeiden oder zu verwenden.

● Haut- und Gesundheitsverträglichkeit: weniger gut

»Weniger gut« sind alle Produkte, die entsprechend der INCI nachweislich oder potenziell gesundheitschädigende Stoffe enthalten. Dazu gehören Formaldehydabspalter, Quecksilberverbindungen, halogenorganische Verbindungen, PEG-basierte Stoffe, chemische UV-Filter, Paraffine / Silikone, Moschusverbindungen, bedenkliche Farbstoffe und andere Inhaltsstoffe, die als krebserregend, eiweißverändernd oder fruchtschädigend gelten.

Ein zweites Qualitätsurteil gibt die Produktqualität hinsichtlich der Wirksamkeit des Produkts in Relation zur Werbeaussage wider: Enthält das Produkt wirklich Milch und Honig? Eignet es sich zur Pflege von trockener Haut? Kann es aufgrund der enthaltenen Wirkstoffe eine Faltenreduzierung bieten?

Um auf solche Fragen eine klare Antwort zu geben, werden drei Produkturteile vergeben: sehr gut, gut, weniger gut.

●●● Wirksamkeit: sehr gut

Als »sehr gut« werden Produkte beurteilt, die aufgrund der Inhaltsstoffe voraussichtlich der Wirkung der Werbeaussage auf der Verpackung gerecht werden. Dazu werden die charakteristischen Inhaltsstoffe und Wirkstoffe des jeweiligen Produkts zugrunde gelegt, um einschätzen zu können, ob und inwieweit das Produkt die versprochene Wirkung bieten kann.

●● Wirksamkeit: gut

Als »gut« werden Produkte beurteilt, die positive, der Werbeaussage des Produkts entsprechende Wirkstoffe enthalten, zur Erfüllung der Wirksamkeit gemäß den Verpackungsangaben jedoch noch weitere Inhaltsstoffe sinnvoll wären.

● Wirksamkeit: weniger gut

Als »weniger gut« sind Produkte zu beurteilen, die keinerlei der Werbeaussage entsprechenden Wirkstoffe enthalten und damit auch die versprochenen Wirkungen nicht bieten können. Weniger gut werden auch Produkte beurteilt, die dem Verbraucher laut Verpackungsangaben eine Wirksamkeit oder eine Inhaltsstoff-Zusammensetzung suggerieren, die die tatsächlichen Inhaltsstoffe jedoch nicht bieten können.

Produktvergleich: No-Name contra Markenware

Um die Qualität der Drogerie-Ware in ein Verhältnis zur Markenware setzen zu können, habe ich zum Teil Markenprodukte zum Vergleich herangezogen. Die Auswahl eines entsprechenden Markenprodukts erfolgte nach der Ähnlichkeit der Werbeaussage bei No-Name- und Markenprodukt (wie »Bodylotion für sensible Haut«) und für den Verbraucher ähnlich klingenden Produktcharakteristika (wie »Anti-Ageing Pflege mit Q10«). Die Bewertung des No-Name-Produkts im Vergleich zur Markenware erfolgt – wie die Bewertung des No-Name-Produkts – in zwei Teilen und nach folgenden Kriterien:

Teil 1. Produktbewertung im Markenvergleich hinsichtlich Haut- und Gesundheitsverträglichkeit.

●●● Haut- und Gesundheitsverträglichkeit im Markenvergleich: besser
Das No-Name-Produkt enthält weniger negativ einzuschätzende Inhaltsstoffe als das Markenprodukt.

●● Haut- und Gesundheitsverträglichkeit im Markenvergleich: ähnlich
Beide Produkte enthalten ähnlich viele negativ zu bewertende Inhaltsstoffe.

● Haut- und Gesundheitsverträglichkeit im Markenvergleich: schlechter
Das No-Name-Produkt enthält anteilig mehr negativ einzuschätzende Inhaltsstoffe als das Markenprodukt.

TEIL 2. Produktbewertung im Markenvergleich hinsichtlich Wirksamkeit

●●● Wirksamkeit im Markenvergleich: besser
Das No-Name-Produkt enthält mehr positiv einzuschätzende Wirkstoffe als das Markenprodukt, die insgesamt auf eine höhere Wirksamkeit schließen lassen, als sie das Markenprodukt aufgrund seiner Wirkstoffe bieten kann.

●● Wirksamkeit im Markenvergleich: ähnlich
Das No-Name- und das Markenprodukt enthalten anteilig und qualitativ vergleichbare Wirkstoffe, die voraussichtlich eine ähnliche Wirksamkeit erzielen.

● Wirksamkeit im Markenvergleich: schlechter
Das No-Name-Produkt enthält weniger positiv zu bewertende Inhaltsstoffe als das Markenprodukt, durch die eine

geringere Wirksamkeit als die des Markenprodukts zu erwarten ist.

Hinweis: Die nachfolgende Analyse auf Basis der INCI-Liste erhebt nicht den Anspruch, eine chemische und dermatologische Analyse zu ersetzen. Sie bezieht sich allein auf die in der INCI angegebenen Inhaltsstoffe und setzt diese in ein Verhältnis zur in der Werbeaussage versprochenen Wirksamkeit.

Wenn in der folgenden INCI-Analyse von *Markenware* die Rede ist, so ist damit lediglich dieses eine, zum direkten Produktvergleich herangezogene Markenprodukt gemeint. Die Beurteilung des No-Name-Produkts im Vergleich zu diesem einen Markenprodukt lässt nicht den Schluss zu, dass das No-Name-Produkt zu allen weiteren Markenprodukten mit einer ähnlichen Werbeaussage in demselben Verhältnis steht wie zu dem zum Vergleich herangezogenen Markenprodukt.

Die nachfolgende Liste erhebt keinerlei Anspruch auf Vollständigkeit. Diese Produkte wurden willkürlich ausgewählt, um Ihnen einen Einblick in die Qualität der Drogerie- und Handelsware bieten zu können. Die Untersuchung lässt nicht auf die Qualität anderer Produkte desselben Drogerie-Eigennamens bzw. Handelsnamens schließen, sondern beurteilt lediglich die Qualität des dargestellten Produkts. Alle vorgestellten Produkte wurden zwischen dem 1.8.2006 und dem 12.10.2006 gekauft.

Dieses Kapitel enthält die Qualitätsbeurteilung einiger kosmetischer Produkte unterschiedlicher Drogisten und Discounter. Diese Produkte wurden mehr oder weniger willkürlich ausgewählt, um Ihnen einen Einblick in die Qualität der Billigmarke zu ermöglichen, wobei sich letztlich nicht alles über »einen Kamm scheren« lässt. Die Feststellung, dass die Qualität eines Produkts beispielsweise der Drogerie-Eigenmarke AS Body von Schlecker »sehr gut« zu beurteilen ist, lässt nicht den Schluss zu, dass die Qualität aller Produkte der Linie AS Body »sehr gut« ist. Doch mit dem Wissen aus dem Kapitel »Drin ist, was draufsteht« und der Inhaltsstoff-Liste (S. 120ff.) sind Sie in der Lage, die Qualität anderer, nicht angeführter Produkte zu beurteilen.

Die Produktuntersuchung

GESICHTSPFLEGE

Rilanja Young Care/Schlecker

▶ Feuchtigkeitscreme, 50 ml, Hersteller: Femia Cosmetic GmbH

PRODUKTINFORMATIONEN Nicht oder weniger empfehlenswerte Stoffe: Phenoxyethanol, Carbomer (kann Rückständen von Lösemitteln enthalten), Dimethicone (Silikonöl), Disodium EDTA, Sodium Hydroxide, Citric Acid, Sodium Benzoate, CI 42090, Parfum

PRODUKTEIGENSCHAFTEN Das Produkt enthält Glycerin, Prunus Amygdalus Dulcis (Mandelöl), Aloe Barbadensis (Gallerta) (Aloe Vera), Tocopheryl Acetate (Vitamin E-Derivat), Panthenol (Provitamin B5), Xanthan Gum als Verdicker mit hautstraffenden Eigenschaften, Lecithin, Tocopherol (Vitamin E) und Ascorbyl Palmitate (Vitamin C-Palmitat) als positiv einzuschätzende Inhaltsstoffe. Es eignet sich besonders zur Pflege von unreiner Haut. Laut Verpackungsangaben wird einer Bildung von Pickeln und Mitessern vorgebeugt. Es gilt aber dabei zu berücksichtigen, dass die Hautunreinheiten der Zielgruppe (»young care« dürfte etwa der Altersgruppe 15 bis 20 entsprechen) fast immer hormonelle Ursachen haben und mit einer antibakteriellen Pflege vorbeugend nicht zu behandeln sind.

VERGLEICHSPRODUKT MARKENWARE **Garnier Jade Hautklar Feuchtigkeitspflege Langanhaltende Anti-Nachfettung** enthält Glycerin, Montmorillonite (Tonmineralien), Zinc PCA (heilungsfördernd, ausgleichend und adstringierend), Cucumis Sativus (Gurke), Panthenol (Provitamin B5) und Xanthan Gum als Verdicker mit hautstraffenden Eigenschaften als empfehlenswerte Stoffe. Negativ einzuschätzende Stoffe sind Cyclohexasiloxane (Silikonöl), Salicylic Acid, der chemische Farbstoff CI 42090, Carbomer, Disodium EDTA, Ethylhexyl Methoxycinnamate (UV-Absorber), Propylene Glycol, Sodium Hydroxide, Parabene (umstritten), Chlorphenesin (halogenorganische Substanz) und Triclosan (halogenorganische Substanz, kann Rückstände von Dioxinen enthalten). Damit enthält es deutlich mehr Schadstoffe als das No-Name-Produkt, das zwar nicht ohne negativ zu bewertende Stoffe, aber ohne chemische UV-Filter und ohne halogenorganische Substanzen auskommt.

PRODUKTVERGLEICH Beide Produkte bekämpfen unreine Haut mit einem Mix aus hochwertigen Inhaltsstoffen. Als aktive Wirkstoffe besitzt das Markenprodukt Tonerde, Zink und Gurke, die einen qualitativen Vorteil gegenüber dem No-Name-Produkt darstellen.

Haut- und Gesundheitsverträglichkeit: ●
Wirksamkeit: ● ●
Haut- und Gesundheitsverträglichkeit im Markenvergleich: ● ● ●
Wirksamkeit im Markenvergleich: ●

Balea Face/dm-drogerie markt

▶ Feuchtigkeitsspendende Tagescreme, 50 ml
Hersteller: keine Angaben/dm-drogerie markt GmbH

PRODUKTINFORMATIONEN Nicht oder weniger empfehlenswerte Stoffe: Propylene Glycol, Ethylhexyl Methoxycinnamate (UV-Absorber), Isopropyl Palmitate, Phenoxyethanol, Parabene (umstritten), Parfum

PRODUKTEIGENSCHAFTEN Das Produkt enthält einen hohen Anteil hautpflegender Wirkstoffe wie Glycerin (E 422, Wirkstoff, feuchtigkeitsbewahrend, hautglättend), Nelumbo Nucifera (Lotusblume, hautberuhigend und glättend), Panthenol, Sodium Lactate, Xanthan Gum als Verdicker mit hautstraffenden Eigenschaften und Sorbitol. Die Ölpalme (Elais Guineensis) dient als empfehlenswertes Lipid und Rückfetter. Um durch Sonneneinstrahlung bedingter vorzeitiger Hautalterung vorzubeugen, enthält das Produkt

Titanium Dioxide (physikalischer Lichtschutzfilter) und den chemischen Lichtschutzfilter Ethylhexyl Methoxycinnamate, der die Qualität des Produkts hinsichtlich seiner Haut- und Gesundheitsverträglichkeit deutlich abwertet. **Hinweis für Duftstoffallergiker:** Das Produkt enthält Butylphenyl Methylpropional.

Haut- und Gesundheitsverträglichkeit: ●
Wirksamkeit: ● ● ●

Rival de Loop/Rossmann

▶ Beauty Energy Seidenschimmer-Creme, 50 ml
Hersteller: keine Angaben/Rossmann GmbH

PRODUKTINFORMATIONEN Nicht oder weniger empfehlenswerte Stoffe: Butylene Glycol, Propylene Glycol, Carbomer, Dimethicone, Sodium Hydroxide, Disodium EDTA, Citric Acid, Phenoxyethanol, Parabene (umstritten), CI 77019, CI 15985, CI 19140, Parfum

PRODUKTEIGENSCHAFTEN Das Produkt enthält viele empfehlenswerte Wirkstoffe, die besonders auch für die trockene Haut geeignet sind, darunter Glycerin, Prunus Armeniaca (Aprikose), Panthenol (Provitamin B5), Tocopherol (Vitamin E), Maris Sal (Meersalz, hautstraffend, heilungsfördernd) und Lecithin. Positiv zu erwähnen ist auch der Verzicht auf chemische UV-Filter zugunsten des physikalischen Lichtschutzfilters Titanium Dioxide. Xanthan Gum als Verdicker mit hautstraffenden Eigenschaften und Ceratonia Siliqua

(Johannisbrotbaum) als pflanzlicher Film- und Gelbildner sind ebenfalls positiv zu erwähnen.

Makel: Der charakteristische Seidenschimmer wird unter anderem durch den chemischen Farbstoff CI 77019 erreicht, der als bedenklich einzustufen ist. Qualitative Abzüge geben auch die anderen weniger empfehlenswerten Inhaltsstoffe, unter denen auch Silikon ist.

Haut- und Gesundheitsverträglichkeit: ●
Wirksamkeit: ● ● ●

Alterra / Rossmann

▶ Tagescreme Aloe Vera, für empfindliche Haut, 50 ml
Hersteller: keine Angaben / Rossmann GmbH

PRODUKTINFORMATIONEN Nicht oder weniger empfehlenswerte Stoffe: Citric Acid

PRODUKTEIGENSCHAFTEN Ein besonders hochwertiges Produkt, das nahezu ohne gesundheitsschädliche Stoffe auskommt. Die Zusammensetzung aus hautpflegenden, überwiegend pflanzlichen Inhaltsstoffen wie Prunus Amygdalus Dulcis (Mandelöl), Aloe Barbadensis (Gallerta) (Aloe Vera), Persea Gratissima (Avocado), Glycerin, Simmondsia Chinensis (Jojoba), Oryza Sativa (Reis), Xanthan Gum und Tocopherol (Vitamin E) eignet sich zur Pflege auch von empfindlicher, auf jeden Fall aber von normaler Haut. Drei der pflanzlichen Stoffe (Mandelöl, Aloeextrakt und Grüntee-Extrakt) stammen aus kontrolliert biologischem Anbau. Auf synthetische Konservierungsmittel wurde verzichtet. Bei dem Inhaltsstoff »Parfum« handelt es sich nach Herstellerangaben um eine Mischung aus ätherischen Ölen. In haut- und gesundheitsverträglicher Hinsicht ist lediglich Citric Acid negativ einzuschätzen.

Neben der INCI gibt es eine deutsche Übersetzung der Inhaltsstoffe des Produkts.

Haut- und Gesundheitsverträglichkeit: ●●●
Wirksamkeit: ●●●

Alterra / Rossmann

▶ Feuchtigkeitsfluid Minze, für unreine Haut, 50 ml
Hersteller: keine Angaben / Rossmann

PRODUKTINFORMATIONEN Nicht oder weniger empfehlenswerte Stoffe: Alkohol, Cera Flava (möglicherweise allergisierend)

PRODUKTEIGENSCHAFTEN Das Produkt enthält viele, auch pflanzliche Hautpflegestoffe wie Glycerin, Vitis Vinifera (Weintraubenextrakt), Glycine Soja (Sojaöl), Aloe Barbadensis (Gallerta) (Aloe Vera), Simmondsia Chinensis (Jojoba), Butyrospermi Parkii (Sheabutter), Salvia Triloba (Salbei), Camelia Sinensis (chinesischer Tee), Rosmarinus Officinalis (Rosmarin), Calendula Officinalis (Ringelblume), Usnea Barbata (Bartflechte), Pyrus Cydonia (Quitte), Hippophae Rhamnoides (Sanddorn), Myrica Cerifera (Mirte), Macadamia Ternifolia (pflanzlicher Wirkstoff aus Macadamia-

nüssen), Xanthan Gum, Sodium Lactate (feuchtigkeitsbewahrend und hautstraffend), Bisabolol und Tocopherol (Vitamin E). Viele der Inhaltsstoffe kommen aus kontrolliert biologischem Anbau. Mit seinem hohen Anteil an antibakteriell und entzündungshemmend wirkenden Inhaltsstoffen eignet es sich besonders zur Pflege von unreiner Haut. Bei dem Inhaltsstoff »Parfum« handelt es sich nach Herstellerangaben um eine Mischung aus ätherischen Ölen.
Hinweis: Mentha Piperita (Pfefferminze) als adstringierender und entzündungshemmender Wirkstoff besitzt einen positiven Einfluss auf zu Unreinheiten neigende Haut, kann aber Rückstände von Pestiziden enthalten und ist daher nur eingeschränkt empfehlenswert.

Neben der INCI gibt es eine deutsche Übersetzung der Inhaltsstoffe des Produkts.

VERGLEICHSPRODUKT MARKENWARE **AOK Feuchtigkeitsfluid, Haut ab 20 mit Unreinheiten** enthält ebenfalls eine Reihe positiv zu bewertender Inhaltsstoffe wie Glycerin, Camelia Sinensis (chinesischer Tee), Panax Ginseng (Ginseng), Pinus Sylvestris (Kiefernadelöl), Ribes Nigrum (Schwarze Johannisbeere) und Xanthan Gum als Verdicker mit hautstraffenden Eigenschaften. Negativ einzuschätzende Stoffe sind Dimethicone (Silikonöl), Alkohol, Aluminum Starch Octenylsuccinate (gelten als hautirritierend), Parabene (umstritten) und Phenoxyethanol .

PRODUKTVERGLEICH Die Drogerie-Eigenmarke kommt sozusagen ohne gesundheitsbeeinträchtigende Stoffe aus und kann deshalb hinsichtlich ihrer Haut- und Gesundheitsverträglichkeit als sehr gutes Produkt eingestuft werden. Es eignet sich besonders für die unreine Haut und für Mischhaut und ist frei von synthetischen Konservierungsstoffen. Da sein Anteil an speziell auf die Pflege unreiner Haut abgestimmter Inhaltsstoffe gegenüber dem Markenprodukt höher ist, kann auch die Qualität des Produktes höher eingestuft werden.

Haut- und Gesundheitsverträglichkeit: ●●●
Wirksamkeit: ●●●
Haut- und Gesundheitsverträglichkeit im Markenvergleich: ●●●
Wirksamkeit im Markenvergleich: ●●●

Rossmann Kosmetik / Rossmann

▶ Aloe-Vera-Nachtcreme, für empfindliche Haut, 100 ml
Hersteller: keine Angaben / Rossmann GmbH

PRODUKTINFORMATIONEN Nicht oder weniger empfehlenswerte Stoffe: Phenoxyethanol , Parabene (umstritten), Isopropyl Myristate (können Mitesser verursachen), Benzoic Acid, Dehydroacetic Acid, Sodium Hydroxide, Sodium Benzoate, Parfum

PRODUKTEIGENSCHAFTEN Das Produkt enthält Glycerin, Glycine Soja (Sojaöl), Persea Gratissima (Avocado), Tocopheryl Acetate (Vitamin E-Derivat), Calandulae (Ringelblume), Xanthan Gum als Verdicker mit hautstraffenden Eigenschaften, Helianthus Annuus (Sonnenblume), Aloe Barbadensis (Gallerta) (Aloe Vera), Allantoin, Bisabolol, Daucus Carota (Karotte) und hautschützende Beta-Carotene (Antioxidans) als positiv zu bewertende Inhaltsstoffe.

Es eignet sich besonders zur Pflege von trockener Haut und hinterlässt im Gegensatz zu vielen anderen Nachtcremes keinen fettigen Glanz auf der Haut.

VERGLEICHSPRODUKT MARKENWARE **Apotheker Scheller Regenerierende Nachtcreme Quitte & Aloe Vera** enthält ebenfalls eine Menge positiv zu bewertender Wirkstoffe wie Pyrus Cydonia (Quitte), Aloe Barbadensis (Gallerta) (Aloe Vera), Glycerin, Glycine Soja (Sojaöl), Squalane, Persea Gratissima (Avocado), Mangifera Indica (Mango), Olea Europaea (Olivenöl), Butyrospermi Parkii (Sheabutter), Tocopherol (Vitamin E), Phenethyl Alcohol (desinfizierend und hautberuhigend), Panthenol (Provitamin B5), Xanthan Gum als Verdicker mit hautstraffenden Eigenschaften, Ascorbyl Palmitate (Vitamin C-Palmitat) und Ascorbic Acid (Vitamin C).
Negativ einzuschätzende Stoffe sind Dimethicone, Sodium Hydroxide, Citric Acid und Alkohol. Damit ist das Markenprodukt insgesamt weniger gut gesundheitsverträglich als das No-Name-Produkt.

PRODUKTVERGLEICH Im Gegensatz zur Markenware kommt das No-Name-Produkt ohne schädliches Silikon aus.
Seine reichhaltige Formel eignet sich besonders für trockene Haut.

Haut- und Gesundheitsverträglichkeit: ●
Wirksamkeit: ● ● ●
Haut- und Gesundheitsverträglichkeit im Markenvergleich: ● ● ●
Wirksamkeit im Markenvergleich: ● ●

alverde Pflanzen & Kosmetik / dm-drogerie markt

▶ Nachtcreme Olive, 30 ml
Hersteller: keine Angaben/dm-drogerie markt GmbH

PRODUKTINFORMATIONEN Nicht oder weniger empfehlenswerte Stoffe: Alkohol

PRODUKTEIGENSCHAFTEN Das Produkt enthält einen hohen Anteil an Olea Europaea (Olivenöl) und Glycine Soja Oil (Sojaöl), die sich besonders zur Pflege von trockener und

empfindlicher Haut eignen. Als weitere empfehlenswerte Inhaltsstoffe sind unter anderem Carthamus Tinctorius (Färberdistel), Glycerin, Cera Alba (Bienenwachs, glättend und rückfettend), Prunus Amygdalus Dulcis (Mandelöl), Simmondsia Chinensis (Jojoba), Echinacea Purpurea Extract (Echinacea-/Sonnenhut-Extrakt, heilend, hautpflegend), Dipotassium Glycyrrhizate (Wirkstoff aus der Süßholzwurzel, feuchthaltend, pflegend), Tocopheryl Acetate (Vitamin E-Derivat, hautschützend) sowie Ilex Paraguariensis (Mateteestrauch, haut- und haarkräftigend) zu nennen. Olivenöl, Sojaöl, Distelöl, Bienenwachs, Sheabutter, Mandelöl, Jojobaöl, Echinacea und Mate stammen aus kontrolliert biologischem Anbau. Bei dem Parfum handelt es sich nach Herstellerangaben um eine Mischung aus ätherischen Ölen.

VERGLEICHSPRODUKT MARKENWARE **Murnauers Totes Meer Reichhaltige Nachtcreme Olive** enthält unter anderem Simmondsia Chinensis (Jojoba), gehärtetes Olivenöl, Vitis Vinifera (Weintraubenextrakt, Hautpflegemittel), Sorbitol, Totes Meer Salz, Chamomilla Recutita (Kamille), Cucumis Sativus (Gurke), Retinyl Palmitate (Vitamin-A), Panthenol, Hamamelis Virginiana, Carthamus Tinctorius (Färberdistel) sowie Daucus Carota (Möhre/Karotte, hautberuhigend) – und damit eine Mischung hochwertiger, überwiegend pflanzlicher Inhaltsstoffe zur Pflege von trockener Haut während der Nacht.

Im Gegensatz zu seinem No-Name-Pendant kommt die Markenware allerdings nicht ohne negativ einzuschätzende Inhaltsstoffe aus: Isopropyl Palmitate (können Mitesser verursachen), Propylene Glycol (Lösemittel), Carbomer, Phenoxyethanol, Sodium Hydroxide, Parabene, Alkohol,

Disodium EDTA, Phosphoric Acid (Phosphorsäure) und Parfum geben deutliche Abzüge hinsichtlich der Haut- und Gesundheitsverträglichkeit des Produkts.

PRODUKTVERGLEICH Beide Produkte enthalten einen Mix hochwertiger, überwiegend pflanzlicher Inhaltsstoffe mit hautberuhigender Wirkung, die sich zur ergänzenden Pflege der empfindlichen, tendenziell trockenen Haut während der Nacht eignen. Da das Drogerie-Produkt ohne Schadstoffe auskommt, ist es hinsichtlich der Haut- und Gesundheitsverträglichkeit der Markenware vorzuziehen.

Haut- und Gesundheitsverträglichkeit: ●●●
Wirksamkeit: ●●●
Haut- und Gesundheitsverträglichkeit im Markenvergleich: ●●●
Wirksamkeit im Markenvergleich: ●●

Prince Cool/Aldi Süd

▶ Intensive Creme for men, 50 ml
Hersteller: Maxim Markenprodukte GmbH

PRODUKTINFORMATIONEN Nicht oder weniger empfehlenswerte Stoffe: Cyclopentasiloxane (Silikonöl), Sodium Hydroxide, Phenoxyethanol, Benzoic Acid, Dehydroacetic Acid, Parfum

PRODUKTEIGENSCHAFTEN Glycerin, Ostrea (Austern), Maris Limus (Meerschlamm), Ubiquinone (Coenzym Q10), Chondrus Crispus (Isländisches Moos), Sodium PCA, Sodium

Lactate, Fructose (Fruchtzucker), Niacinamide (Vitamin B3) und Urea, Inositol dienen der Pflege auch anspruchsvoller Haut, wie sie viele Männer besitzen. Die talgregulierenden Meeresmineralien in Form von Austern und Meerschlamm besitzen eine für die Männerhaut wichtige, ausgleichende Wirkung, Coenzym Q10 wirkt hautschützend. Hinsichtlich seiner Haut- und Gesundheitsverträglichkeit wird die Produktqualität vor allem durch das Silikonöl gemindert.

Haut- und Gesundheitsverträglichkeit: ●
Wirksamkeit: ● ● ●

GESICHTSREINIGUNG

Rilanja care/Schlecker

▶ Gesichts Peeling-Gel, 75 ml
Hersteller: Maxim Markenprodukte GmbH

PRODUKTINFORMATIONEN Negativ einzuschätzende Stoffe: Sodium Laureth Sulfate (PEG-basiert), Acrylates/C10-30 Alkyl Acrylate Crosspolymer, Sodium Hydroxide, Phenoxyethanol, Methyldibromo Glutaronitril (halogenorganische Substanz), Benzophenone-4 (chemischer Lichtschutzfilter), Parfum

PRODUKTEIGENSCHAFTEN Das Produkt enthält Glycerin, Nylon-12/6/66 Copolymer (Rubbelstoff, Perlglanzmittel), Panthenol (Provitamin B5), Tocopheryl Acetate (Vitamin E-Derivat) und Hydrogenated Jojoba Oil (gehärtetes Jojobaöl) als positiv zu beurteilende Inhaltsstoffe. Es dient der gelegentlichen Verfeinerung des Hautbildes. Nicht für empfindliche Haut geeignet.

VERGLEICHSPRODUKT MARKENWARE **Nivea Visage Sanftes Peeling-Gel** enthält ebenfalls wenig empfehlenswertes Acrylates/C10-30 Alkyl Acrylate Crosspolymer, Sodium Laureth Sulfate (PEG-basiert), Phenoxyethanol und Parabene (umstritten) als nicht bzw. wenig empfehlenswerte Stoffe. Positiv zu bewerten sind die Polyethylene (Abrasivum), Lactose (Milchzucker), Panthenol (Provitamin B5), Cellulose und Tocopherol (Vitamin E).
Damit schneidet das Produkt hinsichtlich seiner Haut- und Gesundheitsverträglichkeit besser ab als das No-Name-Produkt.

PRODUKTVERGLEICH Beide Produkte enthalten Abrasiva in Kombination mit hautpflegenden Wirkstoffen und eignen sich zur gelegentlichen Verfeinerung des Hautbildes. Da das Markenprodukt anteilig weniger gesundheitlich bedenkliche Stoffe enthält, ist es hinsichtlich der Haut- und Gesundheitsverträglichkeit der beiden Produkte als das hochwertigere anzusehen.

Haut- und Gesundheitsverträglichkeit: ●
Wirksamkeit: ● ● ●
Haut- und Gesundheitsverträglichkeit im Markenvergleich: ●
Wirksamkeit im Markenvergleich: ● ●

Rilanja Young care / Schlecker

▶ Gesichtswasser, 150 ml, Hersteller: Swiss Industries GmbH

PRODUKTINFORMATIONEN Nicht oder weniger empfehlenswerte Stoffe: Polysorbate-20 (PEG-basiert), PEG-60 Hydrogenated Castor Oil, Salicylic Acid, Zinc Chloride, Sodium Hydroxide, Benzophenone-4 (chemischer Lichtschutzfilter), Parfum

PRODUKTEIGENSCHAFTEN Das Produkt enthält Glycerin, Panthenol (Provitamin B5) und Bisabolol (Wirkstoff der Kamille, entzündungshemmend und hautberuhigend) als positiv

einzuschätzende Wirkstoffe. Es eignet sich zur zusätzlichen Gesichtsreinigung im Rahmen einer antibakteriellen Hautpflege.

VERGLEICHSPRODUKT MARKENWARE **Neutrogena Visibly Clear Hautklärendes Gesichtswasser** enthält Hexylene Glycol (kann allergische Reaktionen hervorrufen), Methyl Gluceth-20 (PEG-basiert), PEG-40 Hydrogenated Castor Oil, Propylene Glycol, Butylene Glycol, Salicylic Acid, Benzophenone-4 (chemischer Lichtschutzfilter), Parabene (umstritten) und den chemischen Farbstoff CI 17200, der die Leber angreift, Anilin abspaltet und im Verdacht steht, Krebs auszulösen. Positiv zu bewerten sind Aloe Barbadensis (Gallerta) (Aloe Vera), Chamomilla Recutita (Kamille), Citrus Grandis (Grapefruit), Hamamelis Virginiana (Hamamelis), Panthenol (Provitamin B5), Proline (Feuchthaltefaktor, hautschützend), Sodium Lactate (feuchtigkeitsbewahrend und hautstraffend), Sodium PCA (feuchtigkeitsbewahrend und hautglättend) und Sorbitol.

PRODUKTVERGLEICH Beide Produkte enthalten reinigende und antiseptisch wirkende Inhaltsstoffe zur gezielten Bekämpfung von Hautunreinheiten. Im Gegensatz zum No-Name-Produkt enthält das Markenprodukt weitere pflanzliche Inhaltsstoffe, die für eine höhere Wirksamkeit sprechen.

Haut- und Gesundheitsverträglichkeit: ●
Wirksamkeit: ● ●
Haut- und Gesundheitsverträglichkeit im Markenvergleich: ● ● ●
Wirksamkeit im Markenvergleich: ●

AS face / Schlecker

▶ Reinigungsmilch, 200 ml, Hersteller: Mann & Schröder GmbH

PRODUKTINFORMATIONEN Nicht oder weniger empfehlenswerte Stoffe: Paraffinum Liquidum, Isopropyl Palmitate (können Mitesser verursachen), PEG-40 Hydrogenated Castor Oil, Tetrasodium EDTA (schwächt die Zellmembranen), Phenoxyethanol, Parabene (umstritten)

PRODUKTEIGENSCHAFTEN Ein unkompliziertes Hautreinigungsprodukt für die tägliche Reinigung normaler Haut. Das Produkt kommt mit wenigen Inhaltsstoffen aus, von denen Lanolin Alcohol als Lipid und Rückfetter mit hautglättenden Eigenschaften positiv zu beurteilen ist. Paraffinum Liquidum an zweiter Stelle auf der INCI (nach Wasser) weist auf einen hohen Anteil am Gesamtprodukt hin und mindert die Qualität des Produkts hinsichtlich seiner Haut- und Gesundheitsverträglichkeit.

Haut- und Gesundheitsverträglichkeit: ●
Wirksamkeit: ● ●

Rilanja care / Schlecker

▶ Kombi Clear Strips, 6 Strips, Hersteller: Femia Cosmetic GmbH

PRODUKTINFORMATIONEN Nicht oder weniger empfehlenswerte Stoffe: Alkohol, Parabene (umstritten), CI 77891 kann Rückstände von aromatischen Aminen und Schwermetallen enthalten).

PRODUKTEIGENSCHAFTEN Diisopropyl Adipate als überwiegend hautverträgliches Lipid und Rückfetter verhindert eine Austrocknung der Haut.

VERGLEICHSPRODUKT MARKENWARE **Nivea Visage Soft Clear-Up Strips** enthalten Silica (Kieselsäure), Glycerin und Titanium Dioxide als empfehlenswerte Inhaltsstoffe. Weniger empfehlenswert sind Dimethicone Copolyol (Emulgator, Lipid, Tensid, PEG-basiert) und Parabene (umstritten).
Das Markenprodukt enthält außerdem den Duftstoff Citral, der für Duftstoffallergiker von Bedeutung sein kann.

PRODUKTVERGLEICH Beide Produkte bieten eine schnelle Entfernung von Mitessern, die allerdings nicht nur durch die Wirkstoffe, sondern auch durch den physikalischen Klebeeffekt gegeben und somit unabhängig von den Inhaltsstoffen ist. Das No-Name-Produkt kommt mit wenigen Inhaltsstoffen aus und bietet eine porentiefe Hautreinigung, die vor allem durch den (nur bedingt empfehlenswerten) Alkohol gewährleistet wird.
Das Markenprodukt besitzt mehr Hautpflegestoffe, aber auch PEG-basierte Stoffe, die es hinsichtlich seiner Haut- und Gesundheitsverträglichkeit schlechter abschneiden lassen als das No-Name-Produkt.

Haut- und Gesundheitsverträglichkeit: ●●
Wirksamkeit: ●●●
Haut- und Gesundheitsverträglichkeit im Markenvergleich: ●●●
Wirksamkeit im Markenvergleich: ●●

alverde Pflanzen & Kosmetik / dm-drogerie markt

▶ Reinigungsmilch Wildrose, 150 ml
Hersteller: keine Angaben / dm-drogerie markt GmbH

PRODUKTINFORMATIONEN Nicht oder weniger empfehlenswerte Stoffe: Citric Acid

PRODUKTEIGENSCHAFTEN Das Produkt enthält eine Mischung aus hochwertigen Inhaltsstoffen wie Maiskeimöl (Zea Mays Corn Germ Oil), Cera Alba (Bienenwachs), Wildrosenöl, Macadamianussöl, Jojobaöl, Xanthan Gum als Verdicker mit haustraffenden Eigenschaften und Glycerin.
Es eignet sich damit besonders zur pflegenden Reinigung von trockener und empfindlicher Haut. Wildrosenöl und Jojobaöl stammen aus kontrolliert biologischem Anbau. Bei dem Parfum handelt es sich nach Herstellerangaben um eine Mischung aus ätherischen Ölen.

Neben der INCI gibt es eine deutsche Übersetzung der Inhaltsstoffe.

Haut- und Gesundheitsverträglichkeit: ●●●
Wirksamkeit: ●●●

Citric Acid *(Zitronensäure) dient in kosmetischen Produkten als Enthärter, Feuchthaltefaktor, Konservierungsmittel und Säuerungsmittel. Es übernimmt die pH-Wert-Regulation und wird nicht wie der Name fälschlicherweise vermuten lässt – aus Zitronen, sondern aus Melassen- oder Holzabfällen hergestellt. Zitronensäure kann allergisierende Rückstände enthalten.*

Balea Body/dm-drogerie markt

▶ Körperbutter Cocos, 200 ml
Hersteller: keine Angaben/dm-drogerie markt GmbH

PRODUKTINFORMATIONEN Nicht oder weniger empfehlenswerte Stoffe: Cocos nucifera (Kokosnussöl/Kokosnussbutter, kann Rückstände von krebserregenden/verdächtigen polyzyklischen Aromaten enthalten), Dimethicone, PEG-100 Stearate, Phenoxyethanol, Parabene, Citric Acid, Disodium EDTA

PRODUKTEIGENSCHAFTEN Das Produkt wirbt mit einem hohen Anteil an Kokos-Extrakten zur Pflege von trockener Haut, die laut INCI auch enthalten sind. Hinsichtlich seiner Haut- und Gesundheitsverträglichkeit sind Kokos-Extrakte allerdings nicht zu empfehlen. Butyrospermi Parkii (Sheabutter, rückfettend, pflegend), Theobroma Cacao (Kakaobutter, Lipid, Rückfetter), Glycerin und Xanthan Gum als Verdicker mit hautstraffenden Eigenschaften sind ebenfalls auf den Pflegebedarf trockener Haut abgestimmt.

Haut- und Gesundheitsverträglichkeit: ●
Wirksamkeit: ● ● ●

AS Body/Schlecker

▶ Careness Bodybalsam mit Ananasextrakt, 400 ml
Hersteller: Mann & Schröder GmbH

PRODUKTINFORMATIONEN Nicht oder weniger empfehlenswerte Stoffe: Phenoxyethanol , Parabene (umstritten), Parfum

PRODUKTEIGENSCHAFTEN Ein Hautpflegeprodukt, das mit wenigen Wirk- und Schadstoffen auskommt. Es enthält Glycerin, Ananas Sativus (Ananas) und Tocopheryl Acetate (Vitamin E-Derivat). Durch die Ananas-Sativus-Extrakte eignet es sich auch zur Pflege von unreiner Haut.

Haut- und Gesundheitsverträglichkeit: ●●●
Wirksamkeit: ●●●

Alterra/Rossmann

▶ Hautöl Rose-Sanddorn, 100 ml
Hersteller: keine Angaben/Rossmann GmbH

PRODUKTINFORMATIONEN Nicht oder weniger empfehlenswerte Stoffe: keine

PRODUKTEIGENSCHAFTEN Das Produkt enthält eine Menge positiv zu bewertender, überwiegend pflanzlicher Inhaltsstoffe wie Zea Mays (Maisextrakt), Prunus Amygdalus Dulcis (Mandelöl), Arachis Hypogaea (Erdnussöl; bei Erdnussallergie abzuraten), Vitis Vinifera (Weintraubenextrakt),

Olea Europaea (Olivenöl), Simmondsia Chinensis (Jojoba), Hippophae Rhamnoides (Sanddorn) und Rosa Damascena (Damaszener-Rose, Duftstoff, adstringierend, entzündungshemmend, für empfindliche Haut und trockene Haut geeignet). Olivenöl, Jojobaöl und Sanddornöl kommen aus kontrolliert biologischem Anbau. Bei dem Parfum handelt es sich nach Herstellerangaben um eine Mischung aus ätherischen Ölen.

Neben der INCI gibt es eine deutsche Übersetzung der Inhaltsstoffe des Produkts.

VERGLEICHSPRODUKT MARKENWARE **Diaderma Hautfunktions- und Massage-Öl Rose**. Auch das Markenprodukt enthält einen Mix aus hochwertigen Ölen wie Soybean Oil (Sojaöl), Sunflower Oil (Sonnenblumenkernöl), Olea Europaea (Olivenöl), Zea Mays (Maisextrakt), Hamamelis Virginiana (Hamamelis), Chamomilla Recutita (Kamille) und Ledum Palustre (Wilder Rosmarin).
Als einziger weniger empfehlenswerter Stoff ist Arnica (Montane) Extract zu nennen, der zwar als pflanzlicher Wirkstoff hautberuhigend und entzündungshemmend ist, aber allergische Reaktionen hervorrufen kann.

PRODUKTVERGLEICH Das Alterra Hautöl ist insgesamt ein Produkt von sehr guter Qualität, wie auch sein Marken-Pendant von Diaderma. Beide Produkte eignen sich zur Pflege von trockener bis sehr trockener Haut und zur Anwendung als Massageöl. Allergiker sollten das No-Name-Produkt ohne Arnika vorziehen.

Haut- und Gesundheitsverträglichkeit: ● ● ●
Wirksamkeit: ● ● ●
Haut- und Gesundheitsverträglichkeit im Markenvergleich: ● ●
Wirksamkeit im Markenvergleich: ● ●

Synergen/Rossmann

▶ Body-Milk Trockene Haut, 400 ml
Hersteller: keine Angaben/Rossmann GmbH

PRODUKTINFORMATIONEN Nicht oder weniger empfehlenswerte Stoffe: Isopropyl Palmitate (können Mitesser verursachen), Phenoxyethanol, Parabene (umstritten), Parfum

PRODUKTEIGENSCHAFTEN Ein hochwertiges Produkt, das konsequent auf PEG-basierte Stoffe sowie auf Duft- und Farbstoffe verzichtet. Der hohe Anteil an Haupflegestoffen wie Glycerin, Cera Alba (Bienenwachs), Panthenol (Provitamin B5), Tocopheryl Acetate (Vitamin E-Derivat), Tocopherol (Vitamin E) und Lecithin bietet eine gute Pflege für die trockene Haut.

Haut- und Gesundheitsverträglichkeit: ●●●
Wirksamkeit: ●●●

Isana med/Rossmann

▶ Körperlotion für sensible Haut, 250 ml
Hersteller: keine Angaben/Rossmann GmbH

PRODUKTINFORMATIONEN Nicht oder weniger empfehlenswerte Stoffe: Cetearyl Isononanoate (können die Poren verstopfen), Isopropyl Palmitate (können Mitesser verursachen), Dimethicone, Sodium Acrylates/C10-30 Alkyl Acrylate Crosspolymer (kann starke Hautreizungen verursachen), Parabene (umstritten), Parfum

PRODUKTEIGENSCHAFTEN Das Produkt enthält viele hautpflegende Wirkstoffe wie Glycerin, Glycine Soja (Sojaöl), Panthenol (Provitamin B5), Urea, Lactic Acid (Milchsäure), Allantoin, Tocopheryl Acetate (Vitamin E-Derivat), Ascorbyl Palmitate, Tocopherol (Vitamin E), Lecithin, Carrageenan (Isländisches Moos) und Xanthan Gum als Verdicker mit hautstraffenden Eigenschaften.
Es eignet sich daher besonders zur Pflege von empfindlicher und trockener Haut. Auf Farbstoffe wurde verzichtet. Minuspunkte geben die negativ einzuschätzenden Inhaltsstoffe, unter denen sich auch Silikonöl befindet.

Haut- und Gesundheitsverträglichkeit: ●
Wirksamkeit: ● ● ●

HANDPFLEGE

Lacura Handpflege/Aldi Süd

▶ Anti-Age Creme mit Bienenwachs, 125 ml
Hersteller: Dr. Duesberg medical GmbH

PRODUKTINFORMATIONEN Nicht oder weniger empfehlenswerte Stoffe: Ethylhexyl Methoxycinnamate (UV-Absorber), Butyl Methoxydibenzoylmethane (BMDM, chemischer Lichtschutzfilter), Dimethicone, PPG-2 Methyl Ether, 2-Bromo-2-Nitropropane-1,3-Diol, Deceth-8, Iodopropynyl Butylcarbamate (halogenorganische Substanz), Parfum

PRODUKTEIGENSCHAFTEN Das Produkt enthält Glycerin, Tocopheryl Acetate (Vitamin E-Derivat) und Cera Alba als hautpflegende und -schützende Wirkstoffe.

VERGLEICHSPRODUKT MARKENWARE **DOVE Anti-Age Hand-Creme.** Auch das Markenprodukt aus dem Hause Unilever enthält unter anderem Paraffinöl (Paraffinum Liquidum), Silikonöle (Dimethicone und Cyclopentasiloxane), chemische UV-Filter, PEG-Stearate, erdölbasierte Vaseline (Petrolatum), allergisierendes und möglicherweise fruchtschädigendes BHT, umstrittene Parabene sowie allergisie-

rende Duftstoffe. Das Produkt schneidet damit hinsichtlich seiner Haut- und Gesundheitsverträglichkeit nicht besser ab als sein No-Name-Pendant.

PRODUKTVERGLEICH Beide Produkte enthalten hautpflegende Wirkstoffe, die sich zur Pflege der strapazierten Haut an den Händen eignen. Sie enthalten auch jeweils einen sehr hohen Anteil an gesundheitsschädlichen Stoffen, aufgrund derer von einer Verwendung abzuraten ist.

Haut- und Gesundheitsverträglichkeit: ●
Wirksamkeit: ● ● ●
Haut- und Gesundheitsverträglichkeit im Markenvergleich: ● ●
Wirksamkeit im Markenvergleich: ● ●

REGENERATIONSPFLEGE

alverde Pflanzen & Kosmetik / dm-drogerie markt

▶ Antifalten-Fluid Sanddorn, 30 ml
Hersteller: keine Angaben / dm-drogerie markt GmbH

PRODUKTINFORMATIONEN Nicht oder weniger empfehlenswerte Stoffe: Alkohol

PRODUKTEIGENSCHAFTEN Das Produkt bietet eine Mischung hochwertiger, überwiegend pflanzlicher Inhaltsstoffe, die sich zur Pflege von trockener und zu Fältchen neigender Haut eignen. Als Anti-Falten-Wirkstoffe sind unter anderem

Traubenkernöl (Vitis Vinifera), Jojoba, Bambus- und Quittenextrakt, Sanddornöl und Sodium Hyaluronate (Hyaluronsäure) zu nennen. Sojaöl, Jojobaöl, Sheabutter und Sanddornöl stammen aus kontrolliert biologischem Anbau. Bei dem Parfum handelt es sich nach Herstellerangaben um eine Mischung aus ätherischen Ölen.

Neben der INCI gibt es eine deutsche Übersetzung der Inhaltsstoffe des Produkts.

Haut- und Gesundheitsverträglichkeit: ● ● ●
Wirksamkeit: ● ● ●

Rilanja vital / Schlecker

▶ Tagescreme für die reife Haut, mit Provitamin B5, Vitamin E und Allantoin, 50 ml
Hersteller: Femia Cosmetic GmbH / Schlecker GmbH

PRODUKTINFORMATIONEN Nicht oder weniger empfehlenswerte Stoffe: Butylene Glycol, Cyclopentasiloxane (Silikonöl), Isopropyl Palmitate (können Mitesser verursachen), Ethylhexyl Methoxycinnamate (UV-Absorber), Carbomer (kann Rückstände von Lösemitteln enthalten), Disodium EDTA, Sodium Hydroxide, Citric Acid, Phenoxyethanol, Parabene (umstritten), Sodium Dehydroacetate, Parfum

PRODUKTEIGENSCHAFTEN Das Produkt enthält einige hochwertige Inhaltsstoffe wie Sesamum Indicum (Sesam), Glycerin, Macadamia Ternifolia (pflanzlicher Wirkstoff aus Macadamianüssen, rückfettend), Butyrospermi Parkii (Sheabutter),

Panthenol (Provitamin B5), Tocopheryl Acetate (Vitamin E-Derivat), Allantoin, Ginkgo Biloba (Ginkgo), Lecithin, Tocopherol (Vitamin E) und Ascorbyl Palmitate (Vitamin C-Palmitat). Es eignet sich besonders zur Pflege von zu Fältchen neigender, reifer Haut.

VERGLEICHSPRODUKT MARKENWARE **Oil of Olaz Intensivpflege gegen Falten** enthält neben positiv einzuschätzenden Stoffen wie Glycerin, Tocopheryl Acetate (Vitamin E-Derivat), Panthenol (Provitamin B5), Retinyl Palmitate (Vitamin-A in öllöslicher Form, heilungsfördernd, hautschützend, glättend), Ceramide 3 (hautähnliches Lipid aus Sojaöl, hautschützend), Tocopherol (Vitamin E), Arachis Hypogaea (Erdnussöl), Allantoin und Titanium Dioxide (empfehlenswerter Lichtschutzfilter) eine Reihe an sehr bedenklich einzustufenden Stoffen wie Ethylhexyl Methoxycinnamate (UV-Absorber), Propylene Glycol, Petrolatum (erdölbasiert), Cyclopentasiloxane, Isopropyl Palmitate (können Mitesser verursachen), Dimethicone, Carbomer, Steareth-10, Steareth-2, Parabene (umstritten), Phenoxyethanol, Imidazolidinyl Urea (Formaldehydabspalter), Disodium EDTA, Sodium Hydroxide und BHT.
Das Markenprodukt wirbt mit den Inhaltsstoffen Ceramide (die auch in der INCI auftauchen: Ceramide 3) und Pro-Retinol (Vitamin A, durch den Inhaltsstoff Retinyl Palmitate enthalten).

PRODUKTVERGLEICH Beide Produkte sind auf die Pflege von reifer, zu Falten und Linien neigender Haut abgestimmt. Hinsichtlich ihrer Haut- und Gesundheitsverträglichkeit sind beide Produkte nicht empfehlenswert, wobei das Markenprodukt im Vergleich einen noch höheren Anteil an gesundheitsschädlichen Stoffen besitzt als das No-Name-Produkt.

Haut- und Gesundheitsverträglichkeit: ●
Wirksamkeit: ● ● ●
Haut- und Gesundheitsverträglichkeit im Markenvergleich: ● ● ●
Wirksamkeit im Markenvergleich: ● ●

Rilanja care / Schlecker

▶ Antifaltencreme Tag Q10 Regenerationspflege, 50 ml
Hersteller: Femia Cosmetic GmbH

PRODUKTINFORMATIONEN Nicht oder weniger empfehlenswerte Stoffe: Paraffinum Liquidum (Paraffinöl), Sodium Dihydroxycetyl Phosphat), PEG-100 Stearate, 4-Methylbenzylidene Camphor (chemischer Lichtschutzfilter, in den USA und Japan nicht zugelassen), Dimethicone (Silikonöl), Propylene Glycol, Citric Acid, Carbomer, Sodium Hydroxide, Parabene (umstritten), Dehydroacetic Acid, Sorbic Acid, Sodium Benzoate, Parfum

PRODUKTEIGENSCHAFTEN Das Produkt enthält Glycerin, Tocopheryl Acetate (Vitamin E-Derivat), Ubiquinone (Coenzym Q10), Panthenol (Provitamin B5), Ginkgo Biloba (Ginkgo), Allantoin, Tocopherol (Vitamin E), Retinyl Palmitate (Vitamin-A) und Lactic Acid (Milchsäure) als positiv zu bewertende Inhaltsstoffe. Es eignet sich zur Pflege von zu Fältchen neigender Haut und bietet durch seinen Anteil an hautschützenden Inhaltsstoffen auch einen gewissen

Schutz vor neuer Faltenbildung. Eine wesentliche Rolle spielt dabei auch der UV-Filter zum Schutz vor durch Sonneneinstrahlung bedingter, vorzeitiger Hautalterung, der aus Gründen der Gesundheitsunverträglichkeit allerdings negativ zu beurteilen ist.

VERGLEICHSPRODUKT MARKENWARE **sebamed Anti Ageing Aufbau-Creme mit Q10** enthält Phenoxyethanol und Sodium Benzoate als negativ einzustufende Stoffe. Als positiv einzuschätzende Wirkstoffe können Prunus Amygdalus Dulcis (Mandelöl), Glycerin, Persea Gratissima (Avocado), Butyrospermi Parkii (Sheabutter), Ubiquinone (Coenzym Q10), Bisabolol und Arachis Hypogaea (Erdnussöl) genannt werden.

PRODUKTVERGLEICH Beide Produkte enthalten das Coenzym Q10, das die Hautregeneration unterstützt und als Antioxidans fungiert. Sie eignen sich zur Pflege von reifer Haut. Das No-Name-Produkt besitzt einige gesundheitsschädliche Stoffe, von denen der chemische Lichtschutzfilter Methylbenzylidene Camphor am schwersten wiegt. Das Markenprodukt enthält außer Phenoxyethanol und Sodium Benzoate keine weiteren negativ einzuschätzenden Stoffe und schneidet damit hinsichtlich seiner Haut- und Gesundheitsverträglichkeit besser ab als sein No-Name-Pendant.

Haut- und Gesundheitsverträglichkeit: ●
Wirksamkeit: ● ● ●
Haut- und Gesundheitsverträglichkeit im Markenvergleich: ●
Wirksamkeit im Markenvergleich: ● ●

Rival de Loop/Rossmann

▶ Revital Tagescreme Q10 Polylift, 50 ml
Hersteller: keine Angaben/Rossmann GmbH

PRODUKTINFORMATIONEN Nicht oder weniger empfehlenswerte Stoffe: Citric Acid, Propylene Glycol, Carbomer, Disodium EDTA, Simethicone (silikonbasiert), Sodium Hydroxide, Alkohol, Phenoxyethanol, Parabene (umstritten), Sodium Benzoate, Parfum

PRODUKTEIGENSCHAFTEN Das Produkt enthält Sesamum Indicum (Sesam, pflegend und hautschützend), Glycerin, Prunus Amygdalus Dulcis (Mandelöl), Sorbitol, Butyrospermi Parkii (Sheabutter), Cera Alba (Bienenwachs), Tocopheryl Acetate (Vitamin E-Derivat), Ubiquinone (Coenzym Q10), Panthenol (Provitamin B5), Titanium Dioxide (empfehlenswerter Lichtschutzfilter), Methylene Bis-Benzotriazolyl

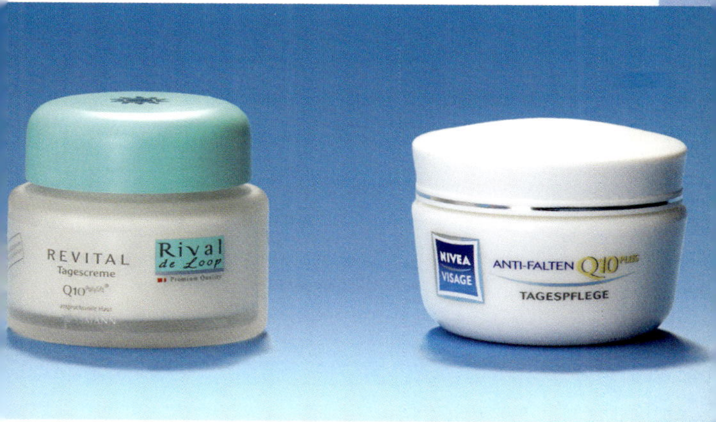

Tetramethylbutylphenol (moderner UV-Absorber, empfehlenswert), Sodium Lactate (feuchtigkeitsbewahrend und hautstraffend), Sodium PCA (feuchtigkeitsbewahrend und hautglättend), Fructose (Fruchtzucker), Glycine (feuchtigkeitsbewahrend und hautglättend), Inositol, Lactic Acid (Milchsäure), Niacinamide (Vitamin B3), Urea, Tocopherol (Vitamin E), Ascorbyl Palmitate (Vitamin C-Palmitat), Ascorbic Acid (Vitamin C) und Xanthan Gum als Verdicker mit hautstraffenden Eigenschaften.
Es eignet sich damit besonders zur Pflege von zu Fältchen neigender, reifer Haut.

VERGLEICHSPRODUKT MARKENWARE **Nivea Visage Anti-Falten Q10 Plus Tagespflege** enthält neben positiv zu bewertenden Wirkstoffen wie Glycerin, Butyrospermi Parkii (Sheabutter) und Ubiquinone (Coenzym Q10) eine Reihe äußerst negativ einzuschätzender Inhaltsstoffe wie Ethylhexyl Methoxycinnamate (UV-Absorber), Cera Microcristallina (Paraffinwachs), Butyl Methoxydibenzoylmethane (BMDM, chemischer Lichtschutzfilter), Alkohol, Paraffinum Liquidum (Paraffinöl), Dimethicone (Silikonöl), PEG-40 Stearate, Trisodium EDTA, BHT, Phenoxyethanol und die halogenorganische Substanz Iodopropynyl Butylcarbamate.

PRODUKTVERGLEICH Beide Produkte enthalten hochwertige Wirkstoffe, die auf die Pflege reifer Haut abgestimmt sind. Sie bewirken eine kurzzeitige Reduzierung der Faltentiefe und tragen zu einem glatteren Hautbild bei. Während das Markenprodukt vergleichsweise viele gesundheitsschädliche Stoffe enthält, kommt das No-Name-Produkt mit deutlich weniger negativ einzuschätzenden Inhaltsstoffen aus.

Bei dem No-Name-Produkt lobenswert zu erwähnen ist der Verzicht auf chemische Sonnenschutzfilter, während das Markenprodukt gleich zwei als äußerst bedenklich einzustufende UV-Filter enthält.

Haut- und Gesundheitsverträglichkeit: ●
Wirksamkeit: ● ● ●
Haut- und Gesundheitsverträglichkeit im Markenvergleich: ● ● ●
Wirksamkeit im Markenvergleich: ● ●

alando face / Ihr Platz

▶ Regenerierende Tagescreme Q10, 50 ml
Hersteller: keine Angaben / Ihr Platz GmbH

PRODUKTINFORMATIONEN Nicht oder weniger empfehlenswerte Stoffe: Dimethicone, Ethylhexyl Methoxycinnamate (UV-Absorber), Carbomer, Phenoxyethanol

PRODUKTEIGENSCHAFTEN Elais Guineensis (Ölpalme), Glycerin, Prunus Amygdalus Dulcis (Mandelöl), Ubiquinone (Coenzym Q10), Panthenol (Provitamin B5), Tocopheryl Acetate (Vitamin E-Derivat), Xanthan Gum, Lecithin, Sodium Lactate (feuchtigkeitsbewahrend und hautstraffend), Lactic Acid, Serine (feuchtigkeitsbewahrend und hautschützend), Urea, Sorbitol und Allantoin bieten eine hochwertige Hautpflege besonders für die zu Fältchen neigende Haut.

Um durch Sonneneinstrahlung bedingter, vorzeitiger Hautalterung vorzubeugen, enthält das Produkt UV-Absorber, von denen Alumina (CI 77002) und Titanium Dioxide positiv, Ethylhexyl Methoxycinnamate jedoch sehr negativ zu beurteilen sind.

Haut- und Gesundheitsverträglichkeit: ●
Wirksamkeit: ● ● ●

KÖRPERREINIGUNG

AS Med/Schlecker

▶ Waschlotion pH 5,5, 250 ml
Hersteller: Mann & Schröder

PRODUKTINFORMATIONEN Nicht oder weniger empfehlenswerte Stoffe: Sodium Laureth Sulfate (PEG-basiert), Glycol Distearate, Citric Acid, Alkohol, Phenoxyethanol, Potassium Phosphate, Benzoic Acid, Parfum

PRODUKTEIGENSCHAFTEN Das Produkt enthält Allantoin, Urea, Serine (feuchtigkeitsbewahrender und hautschützender Wirkstoff), Glycerin, Sorbitol, Sodium Lactate (feuchtigkeitsbewahrend und hautstraffend), Lactic Acid (Milchsäure) und Phenethyl Alcohol als positiv einzuschätzende Inhaltsstoffe.

VERGLEICHSPRODUKT MARKENWARE **Eucerin pH5 Waschlotion** enthält Sodium Myreth Sulfate (PEG-basiert), Citric Acid, PEG-40 Hydrogenated Castor Oil, PEG-200 Hydrogenated Glyceryl Palmate, Polyquaternium-10, Sodium Benzoate und Sodium Salicylate als wenig empfehlenswerte Stoffe.

Positiv zu nennen sind Glycerin und Diammonium Citrate (Salz der Zitronensäure, pH-Wert-Regler), laut Werbeaussage angegeben als »der pH5 Citratpuffer stabilisiert den hauteigenen pH-Wert«.

PRODUKTVERGLEICH Beide Produkte eignen sich zur Reinigung empfindlicher Haut, da sie durch den jeweils enthaltenen ph-Wert-Regler eine möglichst schonende Behandlung bieten. Qualitative Abstriche hinsichtlich ihrer Haut- und Gesundheitsverträglichkeit sind bei beiden Produkten

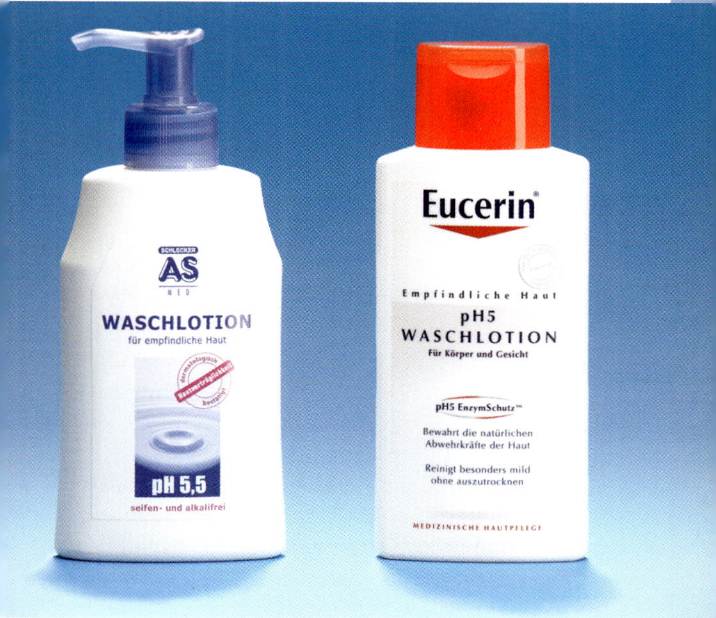

wegen PEG-basierter Stoffe und weiterer negativ einzuschätzender Stoffe zu machen.

Haut- und Gesundheitsverträglichkeit: ●
Wirksamkeit: ● ● ●
Haut- und Gesundheitsverträglichkeit im Markenvergleich: ● ●
Wirksamkeit im Markenvergleich: ● ●

Caribic Körperpflege/Aldi Süd

▶ Pflege Dusche Tropic Dream, 300 ml
Hersteller: Bellmira Cosmetic GmbH

PRODUKTINFORMATIONEN Nicht oder weniger empfehlenswerte Stoffe: Sodium Laureth Sulfate (PEG-basiert), Propylene Glycol, Tetrasodium EDTA (Konservierungsmittel, schwächt die Zellmembranen), Citric Acid, Hexyl Cinnamal (chemischer Duftstoff, potentes Allergen), Parfum

PRODUKTEIGENSCHAFTEN Ein Produkt für jeden Hauttyp, das ohne Farbstoffe auskommt. Als empfehlenswerten pflanzlichen Wirkstoff enthält es Sorbitol mit feuchtigkeitsspendenden und hautglättenden Eigenschaften. Produktname und Verpackung suggerieren »tropische« Inhaltsstoffe wie beispielsweise Zitrusfrüchte, die aber nicht enthalten sind. Den »tropischen« Duft geben Duftstoffe. Laut Produktverpackung ohne Zusatz von Konservierungsstoffen. Es muss aber darauf hingewiesen werden, dass das Tetrasodium EDTA auch als Konservierungsmittel fungieren kann und in jedem Fall negativ zu bewerten ist. Qualitative Abstriche

sind auch durch die Sodium Laureth Sulfate und den allergisierenden Duftstoff Hexyl Cinnamal zu machen.
Hinweis für Duftstoffallergiker: Das Produkt enthält den Duftstoff Butylphenyl Methylpropional

Haut- und Gesundheitsverträglichkeit: ●
Wirksamkeit: ● ●

Balea Bath/dm-drogerie markt

▶ Wellness Dusche Lemongras, 300 ml
Hersteller: keine Angaben/dm-drogerie markt GmbH

PRODUKTINFORMATIONEN Nicht oder weniger empfehlenswerte Stoffe: Sodium Laureth Sulfate, Polyquaternium-7, Citric Acid, Propylene Glycol, Sodium Benzoate, Phenoxyethanol, Parabene, CI 47005, Parfum

PRODUKTEIGENSCHAFTEN Das Produkt verspricht eine sanfte und hautschonende Pflege, die durch das Panthenol (Provitamin B5) und die Niacinamide (Vitamin B3) durchaus gewährleistet werden kann. Inulin als stärkeähnliches Kohlenhydrat wirkt feuchtigkeitsspendend, Cymbopogon Schoenanthus (Lemongrass/Zitronengras) tonisierend und erfrischend. Bei der auf der Verpackung ausgewiesenen Feuchtigkeitsformel Poly-Fructol handelt es sich um ein Zuckerderivat, das die natürliche Regeneration der Haut anregt und die Haut vor dem Austrocknen schützt. Es ist durch den Inhaltsstoff Coco-Glucoside enthalten. Hinsichtlich der Haut- und Gesundheitsverträglichkeit des Produkts sind vor allem die PEG-basierten Sodium Laureth Sulfate und der Farbstoff CI 47005 negativ zu erwähnen.

Haut- und Gesundheitsverträglichkeit: ●
Wirksamkeit: ● ● ●

alando body/Ihr Platz

▶ Pflege-Dusche Wellness, 300 ml
Hersteller: keine Angaben/Ihr Platz GmbH

PRODUKTINFORMATIONEN Nicht oder weniger empfehlenswerte Stoffe: Sodium Laureth Sulfate und Laureth-3 (beide PEG-basiert), Sodium Benzoate, Parabene (umstritten), Phenoxyethanol, Citric Acid, Parfum

PRODUKTEIGENSCHAFTEN Ein Duschgel mit hochwertigen Inhaltsstoffen, geeignet auch für sensible Haut. Den pflanzlichen, positiv zu bewertenden Inhaltsstoffen Aloe Vera (Aloe Barbadensis), Winterlinde (Tilia Cordata) und Grüner Tee (Camelia Sinensis) stehen gesundheitsschädliche PEG-basierte Stoffe entgegen. Die im Produktnamen enthaltene Bezeichnung »Wellness« verspricht dem Verbraucher eine entspannende Wirkung, die durch die pflanzlichen Inhaltsstoffe gegeben ist.

Haut- und Gesundheitsverträglichkeit: ●
Wirksamkeit: ● ● ●

Isana Pflege/Rossmann

▶ Duschöl, 200 ml
Hersteller: keine Angaben/Rossmann GmbH

PRODUKTINFORMATIONEN Nicht oder weniger empfehlenswerte Stoffe: MIPA Laureth Sulfate (PEG-basiert), Laureth-4 (PEG-basiert), BHT, Parfum

PRODUKTEIGENSCHAFTEN Glycine Soja (Sojaöl), Helianthus Annuus (Sonnenblume), Panthenol (Provitamin B5) und Tocopheryl Acetate (Vitamin E-Derivat) bieten eine Pflege der trockenen Haut bereits während der Dusche. Das Produkt kommt ohne Farbstoffe aus.

VERGLEICHSPRODUKT MARKENWARE **Nivea Bath Care Dusch-Öl** enthält – wie sein No-Name-Pendant – Soja Protein als empfehlenswerten Wirkstoff an erster Stelle in der INCI. Als weitere positiv einzuschätzende Stoffe sind Rizinusöl (Ricinus Communis), Weizenkeimöl (Triticum Vulgare) und Panthenol zu nennen. An negativ zu beurteilenden Stoffen sind MIPA Laureth Sulfate und Laureth-4 (beides auch im No-Name-Produkt enthalten), Cocamide DEA, Poloxamer 101 und möglicherweise fruchtschädigendes BHT enthalten.

PRODUKTVERGLEICH Beide Produkte enthalten hochwertige Hautpflegestoffe für die trockene, sensible Haut. Da der Anteil an negativ zu beurteilenden Stoffen bei dem No-Name-Produkt geringer ausfällt, ist es hinsichtlich seiner Haut- und Gesundheitsverträglichkeit vorzuziehen.

Haut- und Gesundheitsverträglichkeit: ●
Wirksamkeit: ● ● ●
Haut- und Gesundheitsverträglichkeit im Markenvergleich: ● ● ●
Wirksamkeit im Markenvergleich: ● ●

Synergen/Rossmann

▶ Soft Dusche Joghurt & Tropic, 250 ml
Hersteller: keine Angaben/Rossmann

PRODUKTINFORMATIONEN Nicht oder weniger empfehlenswerte Stoffe: Sodium Laureth Sulfate (PEG-basiert), Citric Acid, Styrene/Acrylate Copolymer (Filmbildner, Weichmacher), Sodium Benzoate, Parfum

PRODUKTEIGENSCHAFTEN Das Produkt enthält Glycerin und Yogurt Powder als feuchtigkeitsbewahrenden und hautglättenden Wirkstoff. Es eignet sich zur Pflege von normaler Haut. Die Produktverpackung und die Zusatzangaben (»Tropic«) suggerieren Fruchtextrakte, die aber nicht enthalten sind. Für den leicht tropischen Duft sorgt Parfum.

VERGLEICHSPRODUKT MARKENWARE **Palmolive Aroma Creme Duschcreme Exotic** enthält Sandelholz (Santalum Album) und marokkanische Kamille (Ormenis multicaulis) als positiv einzuschätzende Wirkstoffe. Als wenig empfehlenswerte Stoffe sind Sodium C12-13 Pareth Sulfate und Laureth-4 (beide PEG-basiert), DMDM Hydantoin (Formaldehydabspalter), Citric Acid und das toxikologisch bedenkliche Tetrasodium EDTA zu nennen.

PRODUKTVERGLEICH Hinsichtlich seiner Haut- und Gesundheitsverträglichkeit schneidet das No-Name-Produkt deutlich besser ab als das Markenprodukt. Dass es neben Glycerin und Joghurt allerdings keine weiteren Wirkstoffe enthält, lässt es hinsichtlich seiner Wirksamkeit schlechter abschneiden als das Markenprodukt, das Sandelholz und marokkanische Kamille bietet.

Haut- und Gesundheitsverträglichkeit: ●
Wirksamkeit: ●
Haut- und Gesundheitsverträglichkeit im Markenvergleich: ● ● ●
Wirksamkeit im Markenvergleich: ●

Isana Pflege/Rossmann

▶ Creme Dusche mit Kokosduft, 300 ml
Hersteller: keine Angaben/Rossmann GmbH

PRODUKTINFORMATIONEN Nicht oder weniger empfehlenswerte Stoffe: Sodium Laureth Sulfate (PEG-basiert), PEG-3 Distearate, Phenoxyethanol , Sodium Benzoate, Benzoic Acid, Citric Acid, Sodium Hydroxide, Parfum

PRODUKTEIGENSCHAFTEN Das Produkt enthält Tocopherol (Vitamin E) als hautschützenden Wirkstoff. Die Produktverpackung suggeriert Kokosextrakte: »mit Kokosduft«. Und so ist es auch: Kokosextrakte tauchen in der INCI nicht auf. Wer also Wert auf die pflegenden Eigenschaften der Kokosmilch legt, liegt bei diesem Produkt falsch.

VERGLEICHSPRODUKT MARKENWARE **Palmolive Naturals Dusch Creme Kokos & Pflegemilch** enthält – wie sein No-Name-Pendant – PEG-basierte Stoffe (Sodium C12-13 Pareth Sulfate und Laureth-4). Außerdem DMDM Hydantoin (Formaldehydabspalter) und das Konservierungsmittel Tetrasodium EDTA (schwächt die Zellmembranen). Im Gegensatz zu seinem No-Name-Pendant enthält das Markenprodukt Kokosextrakte, die zwar auch in der Naturkosmetik verwendet werden, aber Rückstände von krebserregenden/verdächtigen polyzyklischen Aromaten enthalten können.

PRODUKTVERGLEICH Das Markenprodukt ist hinsichtlich seiner Haut- und Gesundheitsverträglichkeit schlechter zu beurteilen als das No-Name-Produkt. Angesichts der Tatsache, dass Kokosextrakt als kosmetischer Inhaltsstoff nicht uneingeschränkt empfehlenswert ist, ist das No-Name-Produkt dem Markenprodukt vorzuziehen – trotz PEG-basierter Stoffe und dem Trugschluss, Kokosextrakte zu enthalten.

Haut- und Gesundheitsverträglichkeit: ●
Wirksamkeit: ●
Haut- und Gesundheitsverträglichkeit im Markenvergleich: ● ● ●
Wirksamkeit im Markenvergleich: ●

Isana Pflege / Rossmann

▶ Vital Dusche mit Meeresmineralien, 300 ml
Hersteller: keine Angaben / Rossmann GmbH

PRODUKTINFORMATIONEN Nicht oder weniger empfehlenswerte Stoffe: Sodium Laureth Sulfate (PEG-basiert), Citric Acid, Phenoxyethanol, CI 42090, CI 19140, Parfum

PRODUKTEIGENSCHAFTEN Das Produkt enthält Maris Sal (Meersalz) und Tocopherol (Vitamin E) als positiv zu bewertende Wirkstoffe. Es enthält laut Packungsangabe »Meeresmineralien«, tatsächlich ist allerdings nur Meersalz enthalten.

VERGLEICHSPRODUKT MARKENWARE **Palmolive Thermal Spa Feuchtigkeitspflege mit Algen-Extrakt** enthält Glycerin und Fucus Vesiculosus (Blasentang, hält die Haut elastisch und feucht), der auf der Produktverpackung extra ausgewiesen wird (»Mit Algen-Extrakt«). Als negativ einzustufende Stoffe enthält es Sodium C12-13 Pareth Sulfate (PEG-basiert), DMDM Hydantoin (Formaldehydabspalter),

Laureth-4 (PEG-basiert), Poloxamer 124 (PEG-basiert) und das Konservierungsmittel Tetrasodium EDTA, das im Verdacht steht, die Zellmembranen zu schwächen.

PRODUKTVERGLEICH Wer Wert auf die hautpflegenden Eigenschaften der Meeresmineralien legt, sollte das Markenprodukt dem No-Name-Produkt vorziehen, da es anstelle von Meersalz hochwertiger einzuschätzende Algen-Extrakte enthält, die auch für ihre straffenden Eigenschaften bekannt sind. Aufgrund seines höheren Anteils an gesundheitsschädlichen Stoffen schneidet es hinsichtlich seiner Haut- und Gesundheitsverträglichkeit allerdings deutlich schlechter ab als das Drogerie-Produkt.

Haut- und Gesundheitsverträglichkeit: ●
Wirksamkeit: ● ●
Haut- und Gesundheitsverträglichkeit im Markenvergleich: ● ● ●
Wirksamkeit im Markenvergleich: ●

Blütezeit Naturkosmetik / Plus

▶ Bio-Orange Duschbad, 250 ml
Hersteller: Natur-Konzepte GmbH / Plus Vertriebs GmbH

PRODUKTINFORMATIONEN Nicht oder weniger empfehlenswerte Stoffe: Ammonium Lauryl Sulfate (Tensid auf der Basis von Kokosöl, kann stark entfettend und hautreizend wirken), Citrus Amara (Bitterorange, kann in Einzelfällen Allergien auslösen), Alkohol

PRODUKTEIGENSCHAFTEN Ein hochwertiges Produkt für die normale, eher unempfindliche Haut. Es enthält Glycerin, Citrus Aurantifolia (Limette), Actinidia Chinensis (Kiwi) und Citrus Dulcis (Apfelsine, hautberuhigend und entspannend) als positiv zu bewertende Inhaltsstoffe.
Der hohe Anteil an Citrus-Essenzen kann Duftstoffallergikern eventuell Probleme bereiten.

Haut- und Gesundheitsverträglichkeit: ●●●
Wirksamkeit: ●●●

blue moon/Plus

▶ Shower Creme Milk & Honey, 300 ml,
Hersteller: keine Angaben/Plus Vertriebs GmbH

PRODUKTINFORMATIONEN Nicht oder weniger empfehlenswerte Stoffe: Sodium Laureth Sulfate (PEG-basiert), Glycol Distearate, Laureth-4 (PEG-basiert), PEG-40 Hydrogenated Castor Oil, Trideceth-9 (PEG-basiert), Phenoxyethanol, Benzoic Acid, Dehydroacetic Acid, Citric Acid, CI 47005 und CI 12490 (halogenorganische Substanz), Parfum

PRODUKTEIGENSCHAFTEN Das Produkt mit der unscheinbaren Verpackung ohne weitere Anwendungsempfehlungen enthält einige hochwertige Hautpflegestoffe wie Sine adipe lac (fettfreie Milch), Mel (Honig), Hydrolyzed Rice Protein (Reisprotein, haarkonditionierend, auch hautpflegend) und Panthenol (Provitamin B5), die sich besonders zur Reinigung von normaler bis trockener Haut eignen.

Der relativ hohe Anteil an PEG-basierten Inhaltsstoffen mindert die Qualität des Produkts hinsichtlich seiner Haut- und Gesundheitsverträglichkeit.

Haut- und Gesundheitsverträglichkeit: ●
Wirksamkeit: ● ● ●

Mildeen med/Aldi Nord

▶ Wasch-Lotion pH 5,5, 500 ml, Hersteller: Dalli-Werke GmbH

PRODUKTINFORMATIONEN Nicht oder weniger empfehlenswerte Stoffe: Sodium Laureth Sulfate, Sodium Benzoate, Citric Acid, Glycol Distearate, Laureth-4 (PEG-basiert), Lauryl Methyl Gluceth-10 Hydroxypropyldimonium Chloride (PEG-basiert), Formic Acid (Ameisensäure), Parfum

PRODUKTEIGENSCHAFTEN Das Produkt enthält feuchtigkeitsbewahrenden Weizen/Gluten (Hydrolyzed Wheat Gluten) und hautpflegendes Allantoin. Den hautähnlichen pH-Wert 5,5 bietet Zitronensäure (Citric Acid), die allergisierende Rückstände enthalten kann und deshalb nicht vorbehaltlos zu empfehlen ist. Qualitative Abstriche hinsichtlich der Haut- und Gesundheitsverträglichkeit des Produkts sind vor allem wegen der PEG-basierten Stoffe zu verzeichnen.

Haut- und Gesundheitsverträglichkeit: ●
Wirksamkeit: ● ● ●

HAARPFLEGE

alverde Pflanzen & Kosmetik / dm-drogerie markt

▶ Pflege-Shampoo Birke/Salbei, 200 ml
Hersteller: keine Angaben/dm-drogerie markt GmbH

PRODUKTINFORMATIONEN Nicht oder weniger empfehlenswerte Stoffe: Alkohol

PRODUKTEIGENSCHAFTEN Das Produkt bekämpft das Problem irritierter und zu Schuppenbildung neigender Kopfhaut mit pflanzlichen Wirkstoffen wie Betula Alba (Birke), Salvia Officinalis Water (Salbeiwasser, antiseptisch) und Lavandula Hybrida Oil (Lavendelöl, kopfhautberuhigend). Glycerin wirkt kopfhaut- und haarpflegend. Die Rohstoffe für den Birkenextrakt, das Salbeiwasser und das Lavendelöl stammen aus kontrolliert biologischem Anbau. Bei dem Parfum handelt es sich nach Herstellerangaben um eine Mischung aus ätherischen Ölen.

Neben der INCI gibt es eine deutsche Übersetzung der Inhaltsstoffe des Produkts.

Haut- und Gesundheitsverträglichkeit: ●●●
Wirksamkeit: ●●●

AS/Schlecker

▶ Hair Multivitamin Shampoo, 300 ml
Hersteller: Luhns GmbH

PRODUKTINFORMATIONEN Nicht oder weniger empfehlenswerte Stoffe: Sodium Laureth Sulfate (PEG-basiert), PEG-4 Rapeseedamide, Dimethicone, Glycol Distearate, Cocamide MEA, Laureth-3, PEG-40 Hydrogenated Castor Oil, Sodium Benzoate, Parfum

PRODUKTEIGENSCHAFTEN Das Produkt enthält Panthenol (Provitamin B5), Niacinamide (Vitamin B3) und Tocopheryl

Acetate (Vitamin E-Derivat) als haut- und haarschützenden Wirkstoff. Es eignet sich besonders zur Reinigung und Pflege von normalem und feinem Haar. Laut Verpackungsangaben arbeitet das Produkt mit einem »AS Active-Soft-Komplex« und einer »speziell entwickelten Vitalformel«, die aber nicht näher erläutert werden. Die INCI weist keine außergewöhnlichen Inhaltsstoffe auf, die auf neuartige oder herausragende Komplexe hindeuten lassen, sodass davon auszugehen ist, dass es sich bei den Begriffen um reine Verkaufsargumente handelt.

VERGLEICHSPRODUKT MARKENWARE **Garnier Fructis Kräftigendes Pflegeshampoo Aktiv-Frucht-Konzentrat** enthält Sodium Laureth Sulfate (PEG-basiert), Glycol Distearate, Cocamide MIPA (kann Rückstände von krebserregenden/verdächtigen Nitrosaminen enthalten), DMDM Hydantoin (Formaldehydabspalter), Dimethicone (Silikonöl), 2-Oleamido-1,3-Octadecanediol, Carbomer, Citric Acid, Parabene (umstritten) und Hexylene Glycol (kann allergische Reaktionen hervorrufen) als wenig bzw. nicht empfehlenswerte Stoffe. Empfehlenswerte Inhaltsstoffe sind Saccharum Officinarum (Zuckerrohr, hautstraffend), Camelia Sinensis (chinesischer Tee), Pyrus Malus (Apfel), Pyridoxine HCl (Vitamin B6) und Citrus Limonum (Zitrone).
Damit enthält das Markenprodukt deutlich mehr (auch pflanzliche) Wirkstoffe als das No-Name-Produkt, aber auch ähnlich viele gesundheitsschädliche Stoffe.

PRODUKTVERGLEICH Beide Produkte werben mit einem Vitamin-Cocktail als Wirkstoff-Komplex für »Glanz & Gesundheit« (No-Name-Produkt) bzw. »Kraft & Glanz« (Markenprodukt). »Gesundheit« im ganzheitlichen Sinne wird allerdings weder bei dem No-Name-Produkt noch bei dem Markenprodukt geboten, da beide Produkte gesundheitsschädliche Stoffe enthalten.

Haut- und Gesundheitsverträglichkeit: ●
Wirksamkeit: ● ●
Haut- und Gesundheitsverträglichkeit im Markenvergleich: ● ●
Wirksamkeit im Markenvergleich: ● ●

blue moon/Plus

▶ Complete Shampoo, 50 ml
Hersteller: keine Angaben/Plus Vertriebs GmbH

PRODUKTINFORMATIONEN Nicht oder weniger empfehlenswerte Stoffe: Sodium Laureth Sulfate, Cocamide DEA, Propylene Glycol, Sodium Benzoate, Glycol Distearate, Citric Acid, CI 19140 (aromatisches Amin), CI 42090, Parfum

PRODUKTEIGENSCHAFTEN Das Shampoo mit der unscheinbar wirkenden Verpackung, das ohne weitere Werbeaussagen auskommt, enthält einen Mix aus hochwertigen, überwiegend pflanzlichen Inhaltsstoffen wie Glycerin, Glucose (Traubenzucker), Gentiana Lutea (Gelber Enzian, antimikrobiell), Melissa Officinalis (Melisse), Rosmarinus Officinalis (Rosmarin, desinfizierend), Salvia Officinalis (Königssalbei, antiseptisch), Chamomilla Recutita (Kamille), Arctium Lappa (Klette), Betula Alba (Birke) und Equisetum Arvense (Zinnkraut), die zur Reinigung von normalem und schnell fettendem Haar bzw. fettender Kopfhaut geeignet sind.

Qualitativ Abstriche hinsichtlich seiner Haut- und Gesundheitsverträglichkeit muss das Kräuter-Shampoo vor allem durch PEG-basierten Sodium Laureth Sulfate und Cocamide DEA machen.

Haut- und Gesundheitsverträglichkeit: ●
Wirksamkeit: ● ●

Hairwell / Plus

▶ Protection Shampoo für schonende Pflege, gegen Schuppen, 300 ml
Hersteller: keine Angaben / Plus Vertriebs GmbH

PRODUKTINFORMATIONEN Nicht oder weniger empfehlenswerte Stoffe: Sodium Laureth Sulfate (PEG-basiert), Piroctone Olamine (Anti-Schuppen-Wirkstoff), Sodium Benzoate, Cocamide DEA, Citric Acid, Laureth-10 (PEG-basiert), Butylene Glycol, Humulus Lupulus (Hopfen, besitzt eine hormonähnliche Wirkung, kann Rückstände von Pestiziden enthalten), die Farbstoffe CI 42051 und CI 16185 (können Rückstände von aromatischen Aminen und Schwermetallen enthalten), CI 42090, Parfum

PRODUKTEIGENSCHAFTEN Das No-Name-Shampoo mit der billig wirkenden Verpackung enthält einen Mix aus hochwertigen, auch pflanzlichen Inhaltsstoffen wie Panthenol (Provitamin B5), Chamomilla Recutita (Kamille), Equisetum Arvense (Zinnkraut), Salvia Officinalis (Königssalbei), Rosmarinus Officinalis (Rosmarin), Urtica Dioica (Brennnessel, kopfhautberuhigend/Antischuppenwirkstoff) und Melissa Officinalis (Melisse), die sich zur Reinigung von zu Schuppen neigender Kopfhaut und tendenziell fettigem Haar eignen. Etwas verwirrend ist der Namenzusatz »Protection« (Schutz), da das Produkt keine UV-Filter und kein schützendes Vitamin E enthält.

Haut- und Gesundheitsverträglichkeit: ●
Wirksamkeit: : ●●●

Hairwell/Plus

▶ Protection Conditioner für schonende Pflege, trockenes & strapaziertes Haar, 300 ml
Hersteller: keine Angaben/Plus Vertriebs GmbH

PRODUKTINFORMATIONEN Nicht oder weniger empfehlenswerte Stoffe: Propylene Glycol, Cetrimonium Chloride, Glycol Distearate, Cyclopentasiloxane (Silikonöl), Sodium Benzoate, Dimethicone (Silikonöl), Sodium Salicylate, Benzoic Acid, Citric Acid, Parfum

PRODUKTEIGENSCHAFTEN Das Produkt mit der billig wirkenden Verpackung enthält lediglich Panthenol als positiv einzuschätzenden Wirkstoff. Es eignet sich zur Pflege von normalem und eher weniger von – wie auf der Verpackung angegeben – trockenem und strapaziertem Haar, da es keine weiteren Haarpflegewirkstoffe enthält.
Eine Reihe nicht bzw. weniger empfehlenswerter Inhaltsstoffe, darunter auch Silikonöl, mindert die Qualität des

Produkts hinsichtlich seiner Haut- und Gesundheitsverträglichkeit.

Haut- und Gesundheitsverträglichkeit: ●
Wirksamkeit: ●

Blütezeit Naturkosmetik / Plus

▶ Bio-Mandel Shampoo, 250 ml
Hersteller: Natur-Konzepte GmbH / Plus Vertriebs GmbH

PRODUKTINFORMATIONEN Nicht oder weniger empfehlenswerte Stoffe: Ammonium Lauryl Sulfate, Alkohol

PRODUKTEIGENSCHAFTEN Das Produkt enthält Glycerin, Prunus Amygdalus Dulcis (Mandelöl) und Panthenol (Provitamin B5) als positiv zu bewertende Inhaltsstoffe. Es eignet sich vor allem zur Reinigung von normalem, tendenziell unempfindlichem Haar. Zur Pflege von sensiblem und feinem Haar, wie auf der Produktverpackung angegeben, wäre ein Verzicht auf Alkohol sinnvoll gewesen. Bei dem »Parfum« handelt es sich nach Herstellerangaben um eine Mischung aus ätherischen Ölen.

Haut- und Gesundheitsverträglichkeit: ● ●
Wirksamkeit: ● ●

alando HAIR/Ihr Platz

▶ Pflege Shampoo für normales und leicht fettendes Haar, 250 ml,
Hersteller: keine Angaben/Ihr Platz GmbH

PRODUKTINFORMATIONEN Nicht oder weniger empfehlenswerte Stoffe: Sodium Laureth Sulfate (PEG-basiert), Laureth-3 (PEG-basiert), Cocamide DEA, Sodium Benzoate, Citric Acid, CI 19140, CI 42090, Parfum

PRODUKTEIGENSCHAFTEN Ein Pflegeprodukt für normale Ansprüche. Hydrolyzed Wheat Protein (Weizenkeim-Extrakt) hat einen glättenden Effekt und verbessert die Nasskämmbarkeit des Haares. Zur gezielten Pflege von fettendem Haar wären weitere spezielle Haarpflegestoffe sinnvoll. Die PEG-basierten Stoffe (Sodium Laureth Sulfat und Laureth-3), Cocamide DEA und zwei als gesundheitsschädlich einzustufende Farbstoffe (CI 19140 und CI 42090) setzen seine Qualität herab.

Haut- und Gesundheitsverträglichkeit: ●
Wirksamkeit: ● ●

Mildeen Hair Care/Aldi Nord

▶ Shampoo mild & sanft, 500ml
Hersteller: Gallon-Kosmetik

PRODUKTINFORMATIONEN Nicht oder weniger empfehlenswerte Stoffe: Sodium Laureth Sulfate, Disodium Laureth

Sulfoccinate (beide PEG-basiert), PEG-45 Stearate Phosphate, PEG-75 Lanolin, Laureth-10, Laureth-4 (beide PEG-basiert), Sodium Benzoate, Sodium Citrate, Citric Acid, CI 19140, Parfum

PRODUKTEIGENSCHAFTEN Das Produkt enthält neben einem hohen Anteil an PEG-basierten Stoffen haarglättendes Collagen (Hydrolyzed/aufgespaltenes Collagen), Aloe Vera (auf der Verpackung ausgewiesen) und Panthenol. Die Sodium Citrate dienen der Säure-/Basenregulierung, Zitronensäure (Citric Acid) fungiert als pH-Wert-Regulator. Damit eignet sich das Shampoo besonders zur Reinigung von empfindlichem Haar und sensibler Kopfhaut.
Hinweis für Duftstoff-Allergiker: Das Produkt enthält Amyl Cinnamal.

Haut- und Gesundheitsverträglichkeit: ●
Wirksamkeit: ● ● ●

Kür Haarpflege/Aldi Süd

▶ Pflegeshampoo Anti-Schuppen, 300 ml
Hersteller: Emil Kiessling GmbH

PRODUKTINFORMATIONEN Nicht oder weniger empfehlenswerte Stoffe: Sodium Laureth Sulfate (PEG-basiert), PEG-3 Distearate, Climbazole und Octopircx (Piroctone Olamine, Antischuppenwirkstoffe, beide bedenklich), Propylene Glycol, Sodium Benzoate, Parfum

PRODUKTEIGENSCHAFTEN Das Produkt enthält Panthenol (Provitamin B5) und Tocopherol (Vitamin E). Auf den in vielen Markenprodukten enthaltenen Wirkstoff Zinkpyrithion wurde verzichtet.

ÖKO-TEST-Berater Dr. Dieter Wundram äußerte dazu: »Zinkpyrithion lässt das Haar schneller fetten und hemmt die Zellteilung; das ist ein schwerer biologischer Eingriff in die normale Hautbiologie.« (Quelle: ÖKO-Test Januar 2005)

VERGLEICHSPRODUKT MARKENWARE **head & shoulders 2 in 1 anti-schuppen shampoo/pflegebalsam classic clean.** Das Markenprodukt enthält PEG-basierte Ammonium Laureth Sulfate, Ammonium Lauryl Sulfate (können stark entfettend und hautreizend wirken), Silikonöl (Dimethicone), Citric Acid, Ammonium Xylenesulfonate, Sodium Benzoate (allergisierend), DMDM Hydantoin (Formaldehydabspalter), das toxikologisch bedenkliche Tetrasodium EDTA, die halogenorganische Verbindung Methylchloro-Isothiazolinone, bedenkliche Farbstoffe und das Konservierungsmittel Methylisothiazolinone, das im Verdacht steht, eiweißverändernd zu wirken. Als Anti-Schuppen-Wirkstoff kommt Zinkpyrithion zum Einsatz, das nicht empfehlenswert ist (siehe Hinweis Seite 98).

PRODUKTVERGLEICH Sowohl das No-Name- als auch das Markenprodukt enthalten gesundheitsgefährdende Stoffe, aufgrund derer von einer Verwendung abzuraten ist. Im Gegensatz zu seinem Marken-Pendant enthält das No-Name-Produkt allerdings keine Formaldehydabspalter und keine halogenorganischen Verbindungen und schneidet damit hinsichtlich seiner Haut- und Gesundheitsverträglichkeit insgesamt besser ab als die Marken-Ware.

Haut- und Gesundheitsverträglichkeit: ●
Wirksamkeit: ● ●
Haut- und Gesundheitsverträglichkeit im Markenvergleich: ● ● ●
Wirksamkeit im Markenvergleich: ● ●

Kür Haarpflege/Aldi Süd

▶ Haarkur Strapaziertes, coloriertes und getöntes Haar, Farbschutz, 150 ml
Hersteller: Luhns GmbH

PRODUKTINFORMATIONEN Nicht oder weniger empfehlenswerte Stoffe: Dimethicone, Amodimethicone, Ethylhexyl Methoxycinnamate (UV-Absorber), Phenoxyethanol, Sodium Benzoate, Parfum

PRODUKTEIGENSCHAFTEN Als positiv zu beurteilende Wirkstoffe enthält das Produkt Glycerin, Sodium Lactate (feuchtigkeitsbewahrend und hautstraffend), Niacinamide (anregend), Lactose (Milchzucker) und Cellulose. Die auf der Verpackung angegebenen Vitamin E-Perlen sind durch die Tocopheryl Acetate enthalten.
Da Vitamin E in einer anderen Form (bei gleichem Anteil) dieselbe Wirkung erzielen würde, sind sie als reines Verkaufsargument einzuschätzen. Farbschutz wird besonders durch den UV-Filter gewährleistet, der allerdings als gesundheitsschädlich zu bewerten ist.

VERGLEICHSPRODUKT MARKENWARE **DOVE Color Care Farbglanz Kompakt Kur Coloriertes Haar** enthält hochwertige Inhaltsstoffe, die auf die Pflege von durch Färbebehandlungen strapaziertem Haar abgestimmt sind wie Glycerin, Arginine (Haarkur, glättend und haarpflegend), Panthenol (Provitamin B5), Lysine Hydrochloride (Haarkonditionierungsmittel), Silk Amino Acids (Seidenaminosäuren, Haarkonditionierungsmittel), Borago Officinalis (Borretsch, regenerierend), Ascorbyl Palmitate und Tocopherol (Vitamin E).

Neben diesen positiv einzuschätzenden Inhaltsstoffen enthält das Markenprodukt viele negativ zu bewertende Stoffe, aufgrund derer von einer Verwendung abzuraten ist: Dimethicone (Silikonöl), Cetrimonium Chloride (Konservierungsmittel, kopfhautirritierend), Disodium EDTA, Citric Acid, Ethylhexyl Methoxycinnamate (UV-Absorber), DMDM Hydantoin (Formaldehydabspalter), TEA-Dodecylbenzene Sulfonate (kann Rückstände von krebserregenden/-verdächtigen Nitrosaminen enthalten), Imidazolidinyl Urea (Formaldehydabspalter), Sodium Benzoate, Polysorbate 60 (PEG-basiert), BHT, Methylisothiazolinone (allergisierend, eiweißverändernd und hautreizend), Methylchloroisothiazolinone (halogenorganische Substanz) sowie den chemischen Farbstoff CI 16255 (E 124).

PRODUKTVERGLEICH Das Markenprodukt enthält im Vergleich zum No-Name-Produkt zusätzliche Haarkonditionierungsmittel, die sich positiv auf die Wirksamkeit auswirken. Hinsichtlich seiner Haut- und Gesundheitsverträglichkeit schneidet das Markenprodukt schlechter ab.

Haut- und Gesundheitsverträglichkeit: ●
Wirksamkeit: ● ●
Haut- und Gesundheitsverträglichkeit im Markenvergleich: ● ● ●
Wirksamkeit im Markenvergleich: ●

AS/Schlecker

▶ Hair For Men Shampoo, 300 ml
Hersteller: Luhns GmbH

PRODUKTINFORMATIONEN Nicht oder weniger empfehlenswerte Stoffe: Sodium Laureth Sulfate, PEG-4 Rapeseedamide, Dimethicone, Glycol Distearate, Cocamide MEA, Laureth-3 (PEG-basiert), Humulus Lupulus (Hopfen, besitzt eine hormonähnliche Wirkung, kann Rückstände von Pestiziden enthalten), Ethoxydiglycol (PEG-basiert), Propylene Glycol, Butylene Glycol, Sodium Benzoate, Phenoxyethanol , Parabene (umstritten), Parfum

PRODUKTEIGENSCHAFTEN Glucose (Traubenzucker) wirkt feuchtigkeitsspendend, Sodium Lactate feuchtigkeitsbewahrend. »Kraft und Vitalität« soll das Haar vor allem durch den Hopfen bekommen, der allerdings nicht empfehlenswert ist.

VERGLEICHSPRODUKT MARKENWARE **Guhl man Shampoo Konzentrat feines Haar mit Hopfen-Extrakt** enthält Sodium Laureth Sulfate (PEG-basiert), PEG-18 Glyceryl Oleate/ Cocoate, Humulus Lupulus (Hopfen), Ethylhexyl Methoxycinnamate (UV-Absorber), Alkohol, PEG-60 Hydrogenated Castor Oil, Citric Acid, Sodium Benzoate und den chemischen Farbstoff CI 42053 als wenig bzw. nicht empfehlenswerte Stoffe. Positiv zu erwähnen sind Menthol (erfrischend) und Saccharose.

PRODUKTVERGLEICH Beide Produkte enthalten Hopfen als Anti-Schuppen-Wirkstoff, auch auf der Produktverpackung »mit Hopfenextrakt«ausgewiesen, der aber hinsichtlich

seiner Haut- und Gesundheitsverträglichkeit nicht empfehlenswert ist.
Da auf weitere Anti-Schuppen-Wirkstoffe verzichtet wurde, kann man von einer sehr milden Schuppen-Bekämpfung ausgehen, wie es vom Hersteller vermutlich auch beabsichtigt ist, da es sich nicht um ein Anti-Schuppen-Shampoo, sondern um ein Herrenshampoo handelt, das aber das weit verbreitete, typisch männliche Problem der übermäßigen Schuppenbildung berücksichtigt.
Ein relativ hoher Anteil an wenig bzw. nicht empfehlenswerten Stoffen mindert die Qualität beider Produkte hinsichtlich ihrer Haut- und Gesundheitsverträglichkeit.

Haut- und Gesundheitsverträglichkeit: ●
Wirksamkeit: ● ● ●
Haut- und Gesundheitsverträglichkeit im Markenvergleich: ● ● ●
Wirksamkeit im Markenvergleich: ● ●

DEODORANTS

Kult Body Care/Aldi Nord

▶ Deo sensitive, 200 ml
Hersteller: Dalli-Werke GmbH

PRODUKTINFORMATIONEN Nicht oder weniger empfehlenswerte Stoffe: Butane, Propane (beides Treibgase, die in hohen Konzentrationen narkotisch wirken können), Cyclopentasiloxane (Silikonöl), Aluminium Chlorohydrate, Propylene Carbonate (reizt die Augen), Parfum

PRODUKTEIGENSCHAFTEN Das Produkt bietet eine schweißhemmende Wirkung vor allem durch die Aluminium Chlorohydrate, die allerdings die Hautporen verschließen und entzündliche Hautreaktionen hervorrufen können und damit nur bedingt empfehlenswert sind. Als Hautpflegewirkstoff kommt Aloe Vera zum Einsatz.

Haut- und Gesundheitsverträglichkeit: ●
Wirksamkeit: ● ● ●

AS Body / Schlecker

▶ Deo Spray Active, 150 ml
Hersteller: Swiss Industries GmbH

PRODUKTINFORMATIONEN Nicht oder weniger empfehlenswerte Stoffe: Isododecane, Cyclomethicone, Aluminium Chlorohydrate, Propylene Carbonate (reizt die Augen), Parfum

PRODUKTEIGENSCHAFTEN Das Produkt kommt ohne Alkohol aus, besitzt aber auch keine weiteren hautpflegenden Inhaltsstoffe. Die Produktbezeichnung »Active« ist etwas irreführend und suggeriert dem Verbraucher aktivierende Inhaltsstoffe. Tatsächlich bietet das Produkt aber nur einen angenehm frischen Duft.

VERGLEICHSPRODUKT MARKENWARE **Rexona activ reserve cotton dry** enthält Isobutane (steht im Verdacht, Krebs zu erzeugen), Cyclomethicone (silikonbasiert), Aluminium

Chlorohydrate und Propylene Carbonate (reizt die Augen) als wenig bzw. nicht empfehlenswerte Stoffe. Positiv zu bewertende Inhaltsstoffe sind Silica (Kieselsäure) und Gossypium Herbaceum (Baumwolle, hautpflegend).

PRODUKTVERGLEICH Beide Produkte bieten eine desodorierende Wirkung vor allem durch Aluminium Chlorohydrate, die die Hautporen verschließen und entzündliche Hautreaktionen hervorrufen können. Während das No-Name-Produkt keine weiteren Hautpflegewirkstoffe enthält, besitzt das Markenprodukt Baumwolle als hautpflegenden Wirkstoff. Deutliche Qualitätsabstriche hinsichtlich seiner Haut- und Gesundheitsverträglichkeit muss das Markenprodukt durch das Treibgas Isobutane machen.

Haut- und Gesundheitsverträglichkeit: ●
Wirksamkeit: ●
Haut- und Gesundheitsverträglichkeit im Markenvergleich: ● ● ●
Wirksamkeit im Markenvergleich: ●

Schlecker Deo-Spray + Micro Minerals for men

▶ Power, 150 ml
Hersteller: Swiss Industries GmbH

PRODUKTINFORMATIONEN Nicht oder weniger empfehlenswerte Stoffe: Isododecane, Cyclomethicone (silikonbasiert), Aluminium Chlorohydrate, Propylene Carbonate (reizt die Augen), Parfum

PRODUKTEIGENSCHAFTEN Das Produkt bietet eine schweißhemmende Wirkung, besitzt aber keine weiteren Hautpflegestoffe. Auf Alkohol wurde verzichtet.

VERGLEICHSPRODUKT MARKENWARE **Fa Deodorant for men Kick-Off** enthält Isobutane (steht im Verdacht, Krebs zu erzeugen) und Alkohol als weniger empfehlenswerte Stoffe. Positiv zu bewertende Inhaltsstoffe sind Triethyl Citrate (schweißhemmender Wirkstoff), Ethylhexylglycerin (feuchthaltend und antimikrobiell) und Tocopheryl Acetate (Vitamin E-Derivat).

PRODUKTVERGLEICH Die Produkte bieten eine desodorierende Wirkung durch unterschiedliche Inhaltsstoffe, von denen Triethyl Citrate (Markenprodukt) als der hautverträglichere Wirkstoff eingeschätzt werden kann. Im Gegensatz zum No-Name-Produkt enthält das Markenprodukt Hautpflegestoffe, aber gesundheitsschädigendes Isobutane.

Haut- und Gesundheitsverträglichkeit: ●
Wirksamkeit: ● ●
Haut- und Gesundheitsverträglichkeit im Markenvergleich: ● ● ●
Wirksamkeit im Markenvergleich: ●

Ombia Med/Aldi Süd

▶ Antitranspirant, Deo-Spray 24h classic, 100 ml
Hersteller: Dr. Duesberg medical GmbH

PRODUKTINFORMATIONEN Nicht oder weniger empfehlenswerte Stoffe: Aluminium Chlorohydrate, Polysorbate-20 (PEG-basiert), Hexyl Cinnamal (chemischer Duftstoff, potentes Allergen), Parfum

PRODUKTEIGENSCHAFTEN Das Produkt enthält hautpflegendes Panthenol (Provitamin B5). Auf Alkohol sowie auf Farb- und Konservierungsstoffe wurde verzichtet. Das Produkt ist für empfindliche Haut geeignet, sofern keine Allergie gegen den Duftstoff Hexyl Cinnamal vorliegt.

VERGLEICHSPRODUKT MARKENWARE **Nivea deodorant PURE Zerstäuber mit 24-Stunden-Wirkung**. Auch das Markenprodukt enthält Aluminium Chlorohydrate an zweiter Stelle (nach Wasser) auf der INCI. Es enthält außerdem PEG-basiertes Isoceteth-20.

PRODUKTVERGLEICH Beide Produkte bieten eine desodorierende Wirkung, die durch die Aluminium Chlorohydrate erzielt wird. Hinsichtlich seiner Haut- und Gesundheitsverträglichkeit ist von diesem Wirkstoff allerdings abzuraten.

Haut- und Gesundheitsverträglichkeit: ●
Wirksamkeit: ● ● ●
Haut- und Gesundheitsverträglichkeit im Markenvergleich: ● ●
Wirksamkeit im Markenvergleich: ● ●

SEIFEN

Isana Pflege/Rossmann

▶ Creme Seife Milch & Honig, 500 ml
Hersteller: keine Angaben/Rossmann GmbH

PRODUKTINFORMATIONEN Nicht oder weniger empfehlenswerte Stoffe: Sodium Laureth Sulfate und Laureth-4 (beide PEG-basiert), Citric Acid, Sodium Benzoate, Phenoxyethanol, Formic Acid (Ameisensäure), Parabene (umstritten), CI 47005, Parfum

PRODUKTEIGENSCHAFTEN Das Produkt enthält hautpflegende Inhaltsstoffe wie Sine adipe lac (fettfreie Milch), Niacinamide (Vitamin B3), hautstraffendes Hydrolyzed Wheat Protein

(Weizenkeim-Extrakt), Mel (Honig) und feuchtigkeitsbewahrende Sodium Lactate, die sich besonders zur Pflege von trockener bis sehr trockener Haut eignen.

VERGLEICHSPRODUKT MARKENWARE **Palmolive Naturals Flüssigseife Milch & Honig** enthält wie sein No-Name-Pendant Honig (Mel) als gut verträglichen Hautpflegewirkstoff. Wo das No-Name-Produkt fettfreie Milch enthält, enthält das Markenprodukt Molke – beide gelten als gut hautverträglich und hautpflegend. Sowohl das No-Name- als auch das Markenprodukt enthalten PEG-basierte Stoffe (Sodium C12-13 Pareth Sulfate), das Markenprodukt enthält außerdem den Formaldehydabspalter DMDM Hydantoin

sowie das Konservierungsmittel Tetrasodium EDTA, das im Verdacht steht, die Zellmembranen zu schwächen.

PRODUKTVERGLEICH Beide Produkte eignen sich durch die Wirkstoffe Milch und Honig zur Reinigung von trockener bis sehr trockener Haut. Qualitätseinbußen hinsichtlich seiner Haut- und Gesundheitsverträglichkeit muss das No-Name-Produkt vor allen Dingen wegen der PEG-basierten Inhaltsstoffe machen. Im Vergleich zu seinem Marken-Pendant schneidet es trotzdem besser ab, weil es keine Formaldehydabspalter und kein Tetrasodium EDTA enthält.

Haut- und Gesundheitsverträglichkeit: ●
Wirksamkeit: ● ● ●
Haut- und Gesundheitsverträglichkeit im Markenvergleich: ● ● ●
Wirksamkeit im Markenvergleich: ● ●

Kiona Body Care/Aldi Nord

▶ Creme Seife Aloe Vera, 500 ml, Hersteller: Dalli-Werke GmbH

PRODUKTINFORMATIONEN Nicht oder weniger empfehlenswerte Stoffe: Sodium Laureth Sulfate (PEG-basiert), Sodium Benzoate, Citric Acid, Lauryl Methyl Gluceth-10 Hydroxypropyldimonium Chloride (PEG-basiert), CI 42090, CI 47005, Parfum

PRODUKTEIGENSCHAFTEN Das Produkt enthält Glycerin als feuchtigkeitsbewahrenden und hautglättenden Wirkstoff sowie feuchtigkeitsspendende Aloe Vera, die als Hauptwirkstoff auf der Verpackung ausgewiesen ist. Es eignet sich damit für die tägliche Reinigung normaler bis trockener Haut. Hinsichtlich seiner Haut- und Gesundheitsverträglichkeit ist das Produkt wegen der PEG-basierten Stoffe und des Farbstoffs CI 42090, der sich im Tierversuch krebserregend zeigte, nicht vorbehaltslos zu empfehlen.

Haut- und Gesundheitsverträglichkeit: ●
Wirksamkeit: ● ● ●

Balea Bath/dm-drogerie markt

▶ Creme Seife Mango & Papaya, 500 ml
Hersteller: keine Angaben/dm-drogerie markt GmbH

PRODUKTINFORMATIONEN Nicht oder weniger empfehlenswerte Stoffe: Sodium Laureth Sulfate, Glycol Distearate, Sodium Benzoate, Laureth-4, Citric Acid, Lauryl Methyl Gluceth-10 Hydroxypropyldimonium Chloride, CI 15985, Parfum

PRODUKTEIGENSCHAFTEN Der Produktname (Creme Seife Mango & Papaya) und der Verbrauchertext auf der Rückseite der Verpackung (»Balea Creme Seife Mango & Papaya reinigt die Hände mild und pflegend – mit exotischem Duft«) suggerieren dem Verbraucher Essenzen von Mango und Papaya, die aber nicht enthalten sind. Für den exotischen Duft sorgen allein Duftstoffe, sodass auch keine hautpflegenden Eigenschaften von Mango und Papaya zu erwarten sind. Die PEG-basierten Stoffe sowie der Farbstoff

CI 15985 werten die Qualität des Produkts auch hinsichtlich seiner Haut- und Gesundheitsverträglichkeit ab.

Haut- und Gesundheitsverträglichkeit: ●
Wirksamkeit: ●

alverde Pflanzen & Kosmetik / dm-drogerie markt

▶ Flüssigseife Apfelblüte, Jojoba, 300 ml
Hersteller: keine Angaben / dm-drogerie markt GmbH

PRODUKTINFORMATIONEN Nicht oder weniger empfehlenswerte Stoffe: Ammonium Lauryl Sulfate (Tensid auf der Basis von Kokosöl, auch Bleichmittel, kann stark entfettend und hautreizend wirken), Alkohol

PRODUKTEIGENSCHAFTEN Ein hochwertiges Produkt, das ohne PEG-basierte Stoffe und ohne synthetische Duft-, Farb- und Konservierungsstoffe auskommt. Apfelextrakt (Malus Domestica Extract), Jojoba (Simmondsia Chinensis) und Ringelblumen-Extrakt (Calandulae Officinalis Extract) bieten eine hautpflegende und hautberuhigende Wirkung und eignen sich zur Pflege von normaler bis trockener Haut. Apfel, Jojoba und Ringelblume stammen aus kontrolliert biologischem Anbau.

Haut- und Gesundheitsverträglichkeit: ● ● ●
Wirksamkeit: ● ● ●

Nachfolgend finden Sie die in den vorgestellten Produkten enthaltenen Inhaltsstoffe und einige weitere, die in zahlreichen Marken- und No-Name-Produkten eingesetzt werden. Anders ausgedrückt: Sie finden eine Liste der wichtigsten Inhaltsstoffe pflegender Kosmetika. In alphabetischer Reihenfolge, tabellarisch aufgelistet, mit einer stichwortartigen Erläuterung ihrer Funktion. Mithilfe dieser Liste werden Sie in der Lage sein, ein neues, nicht vorgestelltes Produkt Ihrer Wahl hinsichtlich seiner Haut- und Gesundheitsverträglichkeit wie seiner voraussichtlichen Wirksamkeit einschätzen zu können.

Anhang

Inhaltsstoffe

Die nachfolgende Liste gibt einen Überblick über die in den untersuchten Produkten enthaltenen Inhaltsstoffe.

Schwarz: neutral oder positiv einzuschätzender Inhaltsstoff

Blau: weniger oder eingeschränkt empfehlenswerter Inhaltsstoff

Rot: nicht empfehlenswerter Inhaltsstoff

1,10-Decanediol (siehe Acnacidol)

10-Hydroxydecanoic (siehe Acnacidol)

1-Methylhydantoine-2 Imide (Aminosäure-Derivat, Markenname: TEGO® Cosmo C, körperidentischer Wirkstoff, regenerierend, glättend)

2-Benzylheptanol (keine Angaben)

2-Bromo-2-Nitropropane-1,3-Diol (Bronopol, chemisches Konservierungsmittel)

2-Oleamido-1,3-Octadecanediol (Lösungsmittel, Lipid, Feuchtigkeitsfaktor, Haarpflegezusatz)

4-Methylbenzylidene Camphor (Lichtschutzfilter, in den USA und Japan nicht zugelassen)

5-Bromo-5-Nitro-1,3-Dioxane (Bronidox, chemisches Konservierungsmittel)

Acetyl Hexapeptide-3 (Argireline, wird als Botox-Alternative in Cremes eingesetzt; bewirkt eine Verringerung der Muskelaktivität, um die Bildung tiefer Falten zu verhindern; zur Haut- und Gesundheitsverträglichkeit von Argireline sind keine Informationen bekannt, aber da der Stoff die Muskelaktivität beeinflusst, muss davon ausgegangen werden, dass er als bedenklich einzustufen ist)

Acnacidol (INCI: Propylene glycol (and) 10-Hydroxydecanoic Acid (and) Sebacic Acid (and) 1,10-Decanediol, talgregulierender Wirkstoff, bekämpft Ursachen der unreinen Haut, wirkt ausgleichend und reduziert Mitesser)

Acrylates/C10-30 Alkyl Acrylate Crosspolymer (chemischer, Filmbildner, Weichmacher und Perlglanzbilder; kann die Hautporen verschließen)

Acrylates/Vinyl Isodecanoate Crosspolymer (Polyacrylsäurederivat, kann die Hautporen verschließen)

Actinidia Chinensis (Kiwi, Wirkstoff, speichert Feuchtigkeit, wirkt entzündungshemmend, unterstützt die Zellneubildung)

Alcohol/Alcohol denat. (Hilfsstoff, Lösemittel, entfettend und reinigend, sollte wegen der hauttrocknenden Eigenschaften allenfalls in Deos, Gesichts- und Rasierwässern, nicht aber in Cremes, Lotionen, Shampoos und Duschgelen verwendet werden)

Allantoin (pflanzlicher Wirkstoff, hautpflegend, heilungsfördernd)

Aloe Barbadensis (Gallerta) (Aloe Vera, heilungsfördernd, feuchtigkeitsspendend)

Alpha-Isomethyl Ionone (deklarierungspflichtiger Duftstoff)

Alpha-Methyl Ionone (deklarierungspflichtiger Duftstoff)

Alumina/CI 77002 (Aluminiumoxid, Tonerde, Lichtschutzfilter und Rubbelstoff, abdeckend und reinigend)

Aluminium Chlorohydrate (Antitranspirant, schweißhemmend, adstringierend, kann die Hautporen verschließen und entzündliche Hautreaktionen hervorrufen)

Aluminum Starch Octenylsuccinate (Filmbildner/Gelbildner und Viskositätsregler für Cremes und Lotionen, hautirritierend)

Aluminium Stearate (Aluminium-Stearinsäure-Salz, Gelbildner, Emulgator mit schweißhemmender Wirkung, verstopft die Poren, führt zu entzündlichen Hautreaktionen und toxischer Hautreizung)

Aminomethyl Propanol (Säure-/Basenregulierung, reizt Augen und Haut)

Ammonium Chloride (Säure-/Basenregulierung)

Ammonium Laureth Sulfate (Tensid, PEG-basiert)

Ammonium Lauryl Sulfate (Tensid auf der Basis von Kokosöl, auch Bleichmittel, kann stark entfettend und hautreizend wirken)

Ammonium Xylene Sulfonate (Tensid und Viskositätsregler, gilt als hautirritierend)

Amodimethicone (chemischer Farbstoff und Haarfärbemittel, silikonbasiert)

Amyl Cinnamal (deklarierungspflichtiger Duftstoff)

Amylcinnamyl Alcohol (deklarierungspflichtiger Duftstoff)

Ananas Sativus (Ananas, hautpflegend, bekämpft Hautunreinheiten)

Anise Alcohol (deklarierungspflichtiger Duftstoff)

Arachidyl Alcohol (Emulgator, Lipid, Rückfetter)

Arachis Hypogaea (Erdnussöl, pflanzliches Lipid, pflegend, schützend und reich an Vitamin E, nur bei Erdnussallergie abzuraten)

Arctium Lappa (Klette, Haarkur, Lipid, Rückfetter, anregend, heilungsfördernd)

Arginine (Haarkur, Wirkstoff, glättend, haarpflegend)

Arnica (Montane) Extract (Arnika-Extrakt, hautberuhigend, desodorierend, entzündungshemmend, kann allergische Reaktionen hervorrufen)

Ascorbic Acid (Ascorbinsäure / Vitamin C, Antioxidans und pH- Regler)

Ascorbyl Tetraisopalmitate (Antioxidans)

Ascorbyl Palmitate (Vitamin C-Palmitat, Antioxidans)

Bambusa Arundinacea (Bambus, hautglättend, geschmeidig machend, optimiert die Lichtreflexion der Haut, auch Rubbelwirkstoff / Abrasivum)

Behenamidopropyl Dimethylamine (Haarpflegezusatz, Antistatikum, Emulgator)

Behenyl Alcohol (hautreinigendes und hautglättendes Lipid)

Benzoic Acid (Benzoesäure / E 210, chemisches Konservierungsmittel, kann Allergien auslösen)

Benzophenone-3 (Oxybenzon, chemischer Lichtschutzfilter, deklarierungspflichtig: »enthält Oxybenzon«)

Benzophenone-4 (chemischer Lichtschutzfilter)

Benzyl Alcohol (deklarierungspflichtiger Duftstoff)

Benzyl Benzoate (deklarierungspflichtiger Duftstoff)

Benzyl Cinnamate (deklarierungspflichtiger Duftstoff)

Benzyl Salicylate (deklarierungspflichtiger Duftstoff)

Beta-Carotene (Farbstoff, Wirkstoff, Antioxidans, hautschützend)

Betaine (Wirkstoff, feuchtigkeitsbewahrend, auch Antistatikum)

Betula Alba (Birke, Wirkstoff, reinigend, regenerierend)

BHT (Konservierungsmittel, Antioxidans, hat im Tierversuch eine Veränderung des Immunsystems gezeigt / möglicherweise fruchtschädigend)

Biosaccharide Gum1 (Gelbildner / Verdickungsmittel)

Bisabolol (Wirkstoff der Kamille, entzündungshemmend, hautberuhigend)

Bis-Diglyceryl Polyacryladipate-2 (gelartiges Verdickungsmittel, wird auch als Hautpflegemittel eingesetzt)

Borago Officinalis (Borretsch, Lipid, Rückfetter, regenerierend)

BUT / Butylhydroxytoluol (E 321, Antioxidans)

Butane (Treibgas, alternativ zu FCKW's, hochbrennbar, kann in hohen Dosen narkotisierende Wirkung haben)

Butyl Methoxydibenzoylmethane (BMDM, chemischer Lichtschutzfilter)

Butylene Glycol (chemisches Konservierungs- und Lösemittel, Feuchthaltemittel in O/W-Emulsionen, in höheren Konzentrationen hautreizend)

Butyloctanol (Lipid, Rückfetter)

Butylparaben (chemisches Konservierungsmittel, umstritten)

Butylphenyl Methylpropional (Lilial, deklarierungspflichtiger Duftstoff)

Butyrospermi Parkii (Sheabutter, rückfettend, pflegend)

C12-15 Alkyl Benzoate (Lipid mit konservierenden Eigenschaften)

C20-40 Alkyl Stearate (Fettsäureester, Hilfsstoff mit gutem Spreitvermögen)

Calandulae (Ringelblume, hautberuhigend und heilungsfördernd)

Calcium Pantothenate (Vitamin B, heilungsfördernd, hautpflegend)

Calendula Officinalis (Ringelblume, hautberuhigend, heilungsfördernd)

Camelia Sinensis (chinesischer Tee, Wirkstoff, Radikalfänger, regenerierend, antibakteriell)

Caprylic/Capric (Stearic) Triglyceride (Lipid mit konservierenden Eigenschaften, rückfettend, glättend)

Caprylyl/Capryl Glucoside (pflanzliches Tensid)

Carbomer (chemischer Gelbildner, kann Rückständen von hautreizenden Lösemitteln enthalten)

Carbomer Sodium Salt (Sodium Carbomer, Viskositätsregler)

Carnosine (Anti-Ageing-Wirkstoff, hautglättend, ausgleichend)

Carrageenan (Isländisches Moos, Rotalge, entzündungshemmender Wirkstoff und Gelbildner)

Carthamus Tinctorius (Färberdistel, Wirkstoff, Lipid, reich an Vitamin E und Fettsäuren)

Celestolid (polyzyklische Moschusverbindung)

Cellulose (pflanzlicher Rubbelstoff und Viskositätsregler)

Cellulose Gum (Emulgator, Gelbildner und Bindemittel)

Cera Alba (Bienenwachs, glättend und rückfettend)

Cera Carnauba (Karnaubawachs, Hilfsstoff/Verdicker)

Cera Flava (Emulgator, pflegend, rückfettend, leicht entzündungshemmend, möglicherweise allergisierend)

Ceramide-3 (hautähnliches Lipid aus Sojaöl, hautschützend)

Cera Microcristallina (Paraffinwachs, aus Erdöl hergestellt, die Amerikanische Gesundheitsbehörde empfiehlt, Produkte mit Cera-Microcristallina nicht zu benutzen)

Ceratonia Siliqua (Johannisbrotbaum, Filmbildner und Gelbildner)

Ceteareth-12/-20 (Emulgator, Lipid, Tensid, PEG-basiert)

Cetearyl Alcohol (Emulgator, Emulsionsstabilisator, Viskositätsregler)

Cetearyl Ethylhexanoate (Wachsester, hautglättend)

Cetearyl Glucoside (Emulgator, Lipid, Tensid, hautfreundlich)

Cetearyl Isononanoate (Lipid, Wachs, kann die Poren verstopfen)

Cetearyl Olivate (Emulgator, hautverträglich)

Cetrimonium Chloride (Konservierungsmittel, irritierend)

Cetyl Alcohol (Emulgator, Feuchthaltefaktor, glättend, rückfettend)

Cetyl Hydroxyethylcellulose (Filmbildner, Weichmacher)

Cetyl Palmitate (Wachs, rückfettend)

Chamomilla Recutita (Kamille, heilungsfördernd, hautberuhigend)

Chloroacetamide (Konservierungsmittel, halogenorganische Substanz, steht im Verdacht, Krebs auszulösen)

Chlorphenesin (aromatisches Amin/Phenol, halogenorganische Substanz)

Chondrus Crispus (Isländisches Moos, Rotalge, pflanzlich, entzündungshemmender Wirkstoff und Gelbildner, Viskositätsregler)

CI 12490 (chemischer Farbstoff, halogenorganische Substanz)

CI 14700 (chemischer Farbstoff, weitestgehend unbedenklich)

CI 15510 (chemischer Farbstoff, Haarfärbemittel)

CI 15850 (Farbstoff, auch Haarfärbemittel, weitestgehend unbedenklich)

CI 15985 (E 110/Gelborange, chemischer Farbstoff, Haarfärbemittel, aromatisches Amin/Phenol, steht im Verdacht, Krebs auszulösen)

CI 16035 (chemischer Farbstoff)

CI 16185 (E 123, Farbstoff, kann Rückstände von aromatischen Aminen und Schwermetallen enthalten)

CI 16255 (E 124, chemischer Farbstoff, kann Rückstände von aromatischen Aminen und Schwermetallen enthalten)

CI 17200 (chemischer Farbstoff, greift die Leber an und kann Anilin abspalten, das im Verdacht steht, Krebs auszulösen)

CI 19140 (E 102, Tartrazin, chemischer, Farbstoff, Haarfärbemittel, aromatisches Amin, allergisierend)

CI 40800 (Farbstoff, aus Karotten)

CI 42051 (E 131, chemischer Farbstoff, kann Rückstände von aromatischen Aminen und Schwermetallen enthalten)

CI 42053 (chemischer Farbstoff, allergisierend)

CI 42090 (chemischer Farbstoff und Haarfärbemittel, in den USA seit 1978 verboten, da im Tierversuch krebserregend)

CI 47005 (E 104, chemischer Farbstoff und Haarfärbemittel, kann Rückstände von aromatischen Aminen und Schwermetallen enthalten)

CI 60730 (chemischer Farbstoff, darf nicht mit den Schleimhäuten in Berührung kommen)

CI 77007 (Ultramarin, mineralischer Farbstoff)

CI 77019 (Glimmer, Farbstoff, kann Verunreinigung mit Schwermetallen enthalten)

CI 77491 (E 172, mineralischer Farbstoff und Haarfärbemittel, kann Rückstände von aromatischen Aminen und Schwermetallen enthalten)

CI 77891 (E 171/Titanoxid, mineralischer Farbstoff, Kariesschutz und Sonnenschutz, kann Rückstände von aromatischen Aminen und Schwermetallen enthalten)

Cinnamal (chemischer Duftstoff, potentes Allergen)

Cinnamyl Alcohol (chemischer Duftstoff, weniger potentes Allergen)

Citral (deklarierungspflichtiger Duftstoff)

Citric Acid (Zitronensäure, kann allergisierende Rückstände enthalten)

Citronellol (deklarierungspflichtiger Duftstoff)

Citrus Amara (Bitterorange, belebend, kann in Einzelfällen Allergien auslösen)

Citrus Aurantifolia (Limette, Duftstoff)

Citrus Dulcis (Apfelsine, hautberuhigend, entspannend)

Citrus Grandis (Grapefruit, regenerierend, antibakteriell, belebend)

Citrus Limonum (Zitrone, antiseptisch, belebend)

Climbazole (chemisches Konservierungsmittel, halogenorganische Substanz)

Cocamide DEA/MEA/MIPA (Schaumstabilisator, Gelbildner, kann Rückstände von krebserregenden/verdächtigen Nitrosaminen enthalten)

Cocamidopropyl Betain (pflanzliches Tensid)

Coco-Betaine (Tensid)

Coco-Glucoside (pflanzliches Tensid, auch Kämmbarkeitshilfe)

Cocos nucifera (Kokosnussöl/Kokosnussbutter, kann Rückstände von krebserregenden/verdächtigen polyzyklischen Aromaten enthalten)

Collagen (Faserprotein, legt sich wie ein Film über die Haut, verschließt die Poren, kann BSE-belastet sein, weil Collagen aus Schlachtabfällen gewonnen wird)

Corn Germ Oil (Maiskeimöl, pflegend, hautglättend)

Coumarin (Kumarin, deklarierungspflichtiger Duftstoff/Bestandteil von ätherischen Ölen, anregender Inhaltsstoff z.B. in Zimt, Waldmeister und Heublumen)

Creatine (keine Angaben)

Cucumis Sativus (Gurke, hautstraffend, hautklärend, hautreinigend)

Cutina CP (Cetyl Palmitat, rückfettendes Wachs)

Cyclodextrin (Hilfsstoff, Lösungsmittel, hautschützend)

Cyclohexasiloxane (Lösungsmittel, silikonbasiert)

Cyclomethicone (Lösemittel, silikonbasiert)

Cyclopentasiloxane (Lösemittel, silikonbasiert)

Cyclotetrasiloxane (Lösemittel, silikonbasiert)

Cymbopogon Schoenanthus (Lemongrass/Zitronengras, antiseptisch, tonisierend, erfrischend)

Daucus Carota (Möhre/Karotte, hautberuhigend)

Deceth-8 (chemisches Tensid, PEG-basiert)

Decyl Glucoside (Tensid)

Decyl Oleate (Lipid)

Decyl Olivate (Lipid, Rückfetter, hautglättend)

Dehydroacetic Acid (Euxyl K 702, Konservierungsmittel)

Diammonium Citrate (Salz der Zitronensäure, pH-Wert-Regler)

Diazolidinyl Urea (Konservierungsmittel, Formaldehydabspalter)

Dicapryly Ether (Konservierungsmittel, antimikrobiell)

Dicocoylethyl Hydroxyethylmonium Methosulfate (Haarpflegezusatz, Antistatikum)

Diethanolamine (DEA, Tensid, Weichmacher, Feuchthalter, kann krebserregende/verdächtige Nitrosamine bilden)

Diethylamino Hydroxybenzoyl Hexyl Benzoate (Benzoesäurehexylester, Hilfsstoff, kann allergische Reaktionen auslösen)

Diethyl Phthalate (Weichmacher, Lösemittel, Hautschutz zerstörend, giftig)

Diethylhexyl Carbonate (keine Angaben)

Diglycerol (Filmbildner, Weichmacher)

Diisopropyl Adipate (Lipid, Rückfetter, überwiegend hautverträglich)

Dilinoleic Acid (Lipid, glättend)

Dimethicone (Silikonöl, Haarlack, auch Lipid, umweltrelevant, schwer abbaubar, kann zu einer Versiegelung der Haut führen)

Dimethicone Copolyol (Emulgator, Lipid, Tensid, PEG-basiert)

Dimethyl Ether (Lösemittel, Treibgas, ungiftig)

Dipotassium Glycyrrhizate (Wirkstoff aus der Süßholzwurzel, feuchthaltend, pflegend)

Dipropylene Glycol (Lösemittel)

Disodium Cocoyl Glutamate (Emulgator, Lipid, Tensid)

Disodium Cocoamphodiacetate (Tensid, Schaumstabilisator)

Disodium EDTA (Ethylendiamintetraessigsäure-Natriumsalz, Komplexbildner, schwächt die Zellmembranen, schwer abbaubar)

Disodium Laureth Sulfosuccinate (Tensid, PEG-basiert, kann Rückstände von Formaldehyd-Dioxan Ethylendioxid enthalten)

Disodium Phosphate (mineralischer Wirkstoff, Kariesschutz, pH-Wert-Regler)

Distarch Phosphate (Filmbildner, Gelbildner)

Disteardimonium Hectorite (Vedickungsmittel, Gelbildner, Stabilisator)

DMDM Hydantoin (chemisches Konservierungsmittel, Formaldehydabspalter)

Echinacea Purpurea Extract (Echinacea/Sonnenhut-Extrakt, heilend, hautpflegend)

EDTA (Ethylendiamintetraessigsäure, Konsevierungsmittel, als Konservierungsmittel nicht erlaubt, daher wird meist anderer Verwendungszweck angegeben, z.B. Feuchthaltemittel, Enthärter, damit »ohne Konservierungsmittel« deklariert werden kann, gilt als toxikologisch bedenklich, schwächt die Zellmembranen)

Elais Guineensis (Ölpalme, Lipid, Rückfetter)

Equisetum Arvense (Zinnkraut, desodorierend, hautstraffend, heilungsfördernd)

Ethoxydiglycol (chemisches Lösemittel, PEG-basiert)

Ethylalkohol (pflanzlicher Hilfsstoff, Lösemittel; entfettend, reinigend, kann die Haut stark austrocknen)

Ethylhexylglycerin (Glycerinverbindung feuchthaltend, antimikrobiell)

Ethylhexyl Stearate (2-Ethylhexyl- Palmitat/-stearat, Fettkörper)

Ethylhexyl Ethylhexanoate (Emollient)

Ethylhexyl Methoxycinnamate (UV-Absorber, Lichtschutzfaktor)

Eugenol (Hauptbestandteil des Nelkenöls, deklarierungspflichtiger Duft- und Wirkstoff, antiseptisch, insektenabweisend)

Evernia Furfuracea Extract (Baummoosextrakt, deklarierungspflichtiger Duftstoff, potentes Allergen)

Evernia Prunastri Extract (Eichenmoosextrakt, deklarierungspflichtiger Duftstoff, potentes Allergen)

Farnesol (deklarierungspflichtiger Duftstoff, desinfizierend, desodorierend / Wirkstoff in Deodorants)

Formic Acid (Ameisensäure, Konservierungmittel, pH-Wert-Regulation, kann Hautreaktionen hervorrufen)

Fructose (Fruchtzucker, pflanzlicher Feuchthaltefaktor, wird nicht aus Früchten, sondern durch Stärkespaltung [Mais] gewonnen)

Fucus Vesiculosus (Blasentang, hält die Haut elastisch und feucht)

Galaxolid (polyzyklische Moschusverbindung)

Gentiana Lutea (Gelber Enzian, antimikrobiell)

Geraniol (deklarierungspflichtiger Duftstoff)

Ginkgo Biloba (Ginkgo, durchblutungsfördernd, kräftigend)

Glucose (Traubenzucker, feuchtigkeitsspendend)

Glycerin (E 422, Wirkstoff, feuchtigkeitsbewahrend, hautglättend)

Glyceryl Oleate (Speiseöl, fungiert als Emulgator, Lipid und Tensid)

Glyceryl Stearate (Emulgator, Lipid, Tensid, rückfettend)

Glyceryl Stearate Citrate (Emulgator, Lipid, Tensid, rückfettend)

Glyceryl Stearate SE (Emulgator, Lipid, Tensid, rückfettend)

Glycine (Wirkstoff, feuchtigkeitsbewahrend, hautglättend)

Glycine Soja (Sojaöl, Lipid, Rückfetter, reich an Lecithin und Vitamin E, macht die Haut geschmeidig)

Glycol Distearate (Emulgator, Lipid, Tensid)

Gossypium Herbaceum (Baumwolle, hautpflegend)

Guar Hydroxypropyl Trimonium Chloride (Haarpflegezusatz, Antistatikum)

Hamamelis Virginiana (Virginischer Zauberstrauch, Hamamelis, feuchtigkeitsbewahrend, hautglättend und -straffend, schweißhemmend)

Helianthus Annuus (Sonnenblume, hautpflegendes Öl)

Hexanediol (keine Angaben)

Hexylene Glycol (Lösungsmittel, kann allergische Reaktionen hervorrufen)

Hexyl Cinnamal (deklarierungspflichtiger Duftstoff)

Hippophae Rhamnoides (Sanddorn, entzündungshemmend, wundheilend)

Hydrated Silica (Kieselerde, Rubbelstoff, entfettend, reinigend, auch Gelbildner)

Hydrogenated Castor Oil (gehärtetes Ricinus-Öl, Lipid, Rückfetter)

Hydrogenated Coco Glycerides (Lipid)

Hydrogenated Coconut Oil (Lipid)

Hydrogenated Jojoba Oil (gehärtetes Jojobaöl)

Hydrogenated Palm Glycerides Citrate (gehärtetes Palmöl-, Glycerin-, Zitronensäureester, Emulgator, Lipid, Tensid)

Hydrogenated Polydecene (Filmbildner, Weichmacher)

Hydrolyzed Collagen (feuchtigkeitsbewahrend und hautstraffend, in Haarpflegemitteln haarglättend)

Hydrolyzed Rice Protein (Antistatikum, haarkonditionierend, auch hautpflegend)

Hydrolyzed Wheat Gluten (Weizen/Gluten, feuchtigkeits bewahrend, hautstraffend)

Hydrolyzed Wheat Protein (Weizenkeim-Extrakt, feuchtigkeitsbewahrend, hautstraffend, heilungsfördernd, verbessert die Nasskämmbarkeit des Haares bei Haarpflegemitteln)

Hydroxycitronellal (deklarierungspflichtiger Duftstoff)

Hydroxyethylcellulose (Gelbildner, Filmbildner, Weichmacher)

Hydroxyisohexy 3-Cyclohexene Carboxaldehyde (deklarierungspflichtiger Duftstoff)

Hydroxypropyl Guar Hydroxypropyl Trimonium Chloride (Guarmehl, Haarpflegezusatz, Antistatikum)

Hydroxypropyl Methyl Cellulose (Filmbildner, Gelbildner)

Humulus Lupulus (Hopfen, anregend, besitzt eine hormonähnliche Wirkung, kann Rückstände von Pestiziden enthalten, kann allergische Reaktionen auslösen)

Ilex Paraguariensis (Mateteestrauch, haut- und haarkräftigend)

Imidazolidinyl Urea (Konservierungsmittel, Formaldehydabspalter)

Inositol (Wirkstoff, feuchtigkeitsbewahrend, hautglättend)

Inulin (stärkeähnliches Kohlenhydrat, feuchtigkeitsspendend)

Iodopropynyl Butylcarbamate (chemisches Konservierungsmittel, halogenorganische Substanz)

Isobutane (Treibgas, Erdölprodukt, steht im Verdacht, Krebs zu erzeugen)

Isobutylparaben (Konservierungsmittel, umstritten)

Isodecyl Neopentanoate (Lipid)

Isododecane (Lipid, paraffinbasiert)

Isoeugenol (Duftstoff, Wirkstoff, potentes Allergen)

Isononyl Isononanoate (Lipid)

Isopropyl Hydroxycetyl Ether (chemisches Lipid)

Isopropyl Myristate (Lipid, Rückfetter, kann Mitesser verursachen)

Isopropyl Palmitate (Lipid, Rückfetter, kann Mitesser verursachen)

Jasminum Sambac (Jasminwachs, Konsistenzgeber, auch hautpflegend)

Labrador Tea Extract (siehe Ledum Palustre)

Lactic Acid (Milchsäure, Feuchthaltemittel, auch Feuchtigkeitsspender, hautstraffend, auch pH-Wert-Regulator)

Lactis Proteinum (Kuhmilcheiweiß, Lipid, glättend, hautpflegend)

Lactose (Milchzucker, feuchtigkeitsbewahrend, hautglättend)

Lanolin (Wollwachs, natürlicher Emulgator)

Lanolin Alcohol (Lipid, Rückfetter, glättend)

Laureth-3, -10, -4 (Tensid, PEG-basiert)

Lauroyl Sarcosine (Tensid, hautreinigend)

Lauryl Alcohol (Lipid)

Lauryl Betaine (mildes Tensid)

Lauryl Glucoside (Zuckertensid, reinigend, mild schäumend)

Lauryl Methyl Gluceth-10 Hydroxypropyldimonium Chloride (Haarpflegezusatz, Antistatikum, PEG-basiert)

Lavandula Hybrida Oil (Lavendelöl, kopf-/hautberuhigend)

Lecithin (Wirkstoff und natürlicher Emulgator, feuchtigkeitsbewahrend, hautglättend)

Ledum Palustre (Wilder Rosmarin, Wirkstoff, entzündungshemmend)

Limonene (deklarierungspflichtiger Duftstoff)

Linalool (deklarierungspflichtiger Duftstoff, auch Wirkstoff)

Linoleic Acid (Lipid, Tensid)

Lysine Hydrochloride (Aminosäure, Haarkonditionierungsmittel, auch hautschützend)

Macadamia Ternifolia (Wirkstoff aus Macadamianüssen, rückfettend)

Magnesium Aluminium Silicate (Tonerde, Rubbelstoff, Gelbildner)

Magnesium Ascorbyl Phosphate (Oxidationsschutzmittel)

Magnesium Chloride (E 511, Magnesiumsalz, Hilfsstoff)

Mangifera Indica (Mango, Wirkstoff, Hautpflegemittel)

Malus Domestica Extract (Apfel, hautpflegend und -straffend)

Maris Limus (Meerschlamm)

Maris Sal (Meersalz, hautstraffend, heilungsfördernd)

Matricaria Phospholipid (Kamille, entzündungshemmend, wundheilend)

Mel (Honig, feuchtigkeitsbewahrend, hautglättend, hautschützend)

Melissa Officinalis (Melisse, anregend)

Mentha Piperita (Pfefferminze, adstringierend, entzündungshemmend, kann Rückstände von Pestiziden enthalten, eventuell allergisierend, in hoher Konzentration reizend)

Menthol (Menthol, Duftstoff, erfrischend)

Methyl 2-Octynoate (deklarierungspflichtiger Duftstoff)

Methylchloro-Isothiazolinone (chemisches Konservierungsmittel, halogenorganische Substanz)

Methyldibromo Glutaronitril (halogenorganische Substanz)

Methylene Bis-Benzotriazolyl Tetramethylbutylphenol (moderner UV-Absorber, empfehlenswert)

Methyl Gluceth-20 (Emulgator, Lipid, Tensid, PEG-basiert, kann Rückstände von Dioxan enthalten)

Methylisothiazolinone (Konservierungsmittel, allergisierend, eiweißverändernd, hautreizend)

Methylparaben (Konservierungsmittel, umstritten)

Methylpropanediol (Lösungsmittel)

Mica (Mineraliengemisch, Glimmer, Perlmuttglanzstoff)

MIPA Laureth Sulfate (Tensid, PEG-basiert)

Mixed Soya Phospholipids (Soja-Phospholipide)

Montmorillonite (Tonmineralien, absorbiert Hautfett und Bakterien)

Moschus Amvrette (Nitromoschusverbindung)

Moschus Keton (Nitromoschusverbindung)

Moschus Mosken (Nitromoschusverbindung)

Moschus Tibeten (Nitromoschusverbindung)

Moschus Xylol (Nitromoschusverbindung, steht im Verdacht, Krebs zu erregen)

Myrica Cerifera (Mirte, Wachsbeerenstrauch, adstringierend, stimulierend)

Myristic Acid (Emulgator, Lipid, Tensid, rückfettend)

Myristyl Myristate (hautglättendes Lipid)

Mysristyl Alcohol (Emulgator, Lipid, Tensid)

Nelumbo Nucifera (Lotusblume, hautberuhigend und glättend)

Niacinamide (Vitamin B3, anregend, fördert die Hautdurchblutung)

Nylon-12/6/66 Copolymer (Rubbelstoff, Perlglanzmittel)

Octylacrylamide/Acrylates/Butylaminoethyl Methacrylate Copolymer (Filmbildner, Weichmacher, Antistatikum)

Octyldodecanol (Lipid, Rückfetter)

Olea Europaea (Olivenöl, Lipid, Rückfetter, macht die Haut weich und geschmeidig)

Oryza Sativa (Reis, hautpflegend und haarkonditionierend)

Ostrea (Austern, natürlicher Wirkstoff, Nutzen fraglich)

Palmitic Acid (Emulgator, Lipid, Tensid)

Panax Ginseng (Ginseng, Wirkstoff, revitalisierend)

Panthenol (Provitamin B5, anregend, feuchtigkeitsbewahrend)

Pantolactone (keine Angaben)

Parbene (umstritten)

Paraffinum Liquidum (Paraffinöl, Lipid, Rückfetter, kann sich im Körper anreichern, die Hautporen verschließen und die Atmung der Haut beeinträchtigen, kann Formaldehyd- und Dioxan-Rückstände enthalten)

Parfum (Duftstoffmix)

PEG-3 Distearate (Emulgator, Lipid, Tensid, PEG-basiert)

PEG-4 Rapeseedamide (Emulgator, Lipid, Tensid, PEG-basiert)

PEG-7 Glyceryl Cocoate (Emulgator, Lipid, Tensid, PEG-basiert)

PEG-18 Glyceryl Oleate/Cocoate (Emulgator, Lipid, Tensid, PEG-basiert)

PEG/PPG-18/18 Dimethicone (Silikonöl)

PEG-25 Paba (Lichtschutzfilter, PEG-basiert, in den USA und Japan nicht zugelassen)

PEG-40 Hydrogenated Castor Oil (Emulgator, Lipid, Tensid, PEG-basiert)

PEG-40 Stearate (Phosphate) (Emulgator, Lipid, Tensid, PEG-basiert)

PEG-60 Hydrogenated Castor Oil (Emulgator, Lipid, Tensid, PEG-basiert)

PEG-75 Lanolin (Emulgator, Lipid, Tensid, PEG-basiert)

PEG-100 Stearate (Emulgator, Lipid, Tensid, PEG-basiert)

PEG-200 Hydrogenated Glyceryl Palmate (Emulgator, Lipid, PEG-basiert)

Pentylene Glycol (Lösungsmittel, antimikrobiell, feuchtigkeitsspendend)

Persea Gratissima (Avocado, reich an den Vitaminen A, D und E)

Petrolatum (Vaseline, erdölbasiert)

Phantolid (polyzyklische Moschusverbindung)

Phenethyl Alcohol (Duftstoff, Wirkstoff, desinfizierend, hautberuhigend)

Phenoxyethanol (Konservierungsmittel, gilt als Lösemittel für andere Konservierungsmittel wie Parabene)

Phenylbenzimidazole Sulfonic Acid (Lichtschutzfilter, in Japan nicht zugelassen)

Phosphoric Acid (Phosphorsäure, dient der pH-Wert-Regulation, laut Gefahrstoffverordnung ätzend)

Pinus Sylvestris (Kiefernnadelöl, anregend, desinfizierend, entfettend)

Piroctone Olamine (Konservierungsmittel gegen Schuppen)

Poloxamer 101, 124 (Tensid, PEG-basiert, umweltrelevanter Stoff)

Polyethylene (Filmbildner, Weichmacher, in mikronisierter Form dient es als Effektpigment, etwas gröber als Abrasivum)

Polyglyceryl-2 Dipolyhydroxystearate (Emulgator)

Polyglyceryl-3 Diisostearat (Emulgator, Lipid, Tensid)

Polyglyceryl-3 Methylglucose Distearate (Emulgator, Lipid, Tensid)
Polyglyceryl-3 Stearate (Emulgator, Lipid, Tensid)
Polyhydroxystearic Acid (Lipid, rückfettend)
Polyisobutene (Bindemittel, Filmbildner, Viskositätsregler, meist erdölbasiert, weniger empfehlenswert)
Polyoxyisobutylene / Methylene Urea Copolymer (Filmbildner, Weichmacher, Formaldehydabspalter)
Polyquaternium-10, -37, -39, -7 (Filmbildner, auch Haarpflegezusatz / Antistatikum)
Polysorbate-20 bis -85 (Emulgator, Lipid, Tensid, PEG-basiert)
Potassium Cetyl Phosphate (Emulgator, Lipid, Tensid)
Potassium Chloride (Hilfsstoff, Verdickungsmittel)
Potassium Iodide (Konservierungsmittel, halogenorganische Verbindung)
Potassium Nitrate / Kaliumnitrat (Konservierungsmittel)
Potassium Phosphate (Filmbildner, Gelbildner, umwelt-relevanter Stoff)
Potassium Sorbate (Konservierungsmittel)
PPG-14 Butyl Ether (Emulgator, Lipid, Tensid)
PPG-2 Methyl Ether (Emulgator, Lipid, Tensid)
PPG-9 (Emulgator, Lipid, Tensid)
Proline (Feuchthaltefaktor, hautschützend)
Propane (Treibgas, kann in hohen Dosen leicht narkotisch wirken)
Propyl Gallate (Oxidationsschutzmittel, kann die Haut reizen)
Propylene Carbonate (Lösemittel, reizt die Augen)
Propylene Glycol (Lösemittel)
Propylene Glycol Dicaprylate / Dicaprate (Lipid)
Propylparaben (Konservierungsmittel, umstritten)
Prunus Amygdalus Dulcis (Mandelöl, reinigend, hautpflegend)
Prunus Armeniaca (Aprikose, Rubbelmittel)
Pyridoxine HCl (Vitamin B6, ausgleichend, Hautfett verringernd)

Pyrus Cydonia (Quitte, haupflegend)

Pyrus Malus (Apfel, geschmeidig machend, hautglättend)

Ribes Nigrum (Schwarze Johannisbeere, hautberuhigend und -straffend)

Retinyl Palmitate (Vitamin-A, heilungsfördernd, hautschützend, glättend)

Ricinus Communis (Rizinusölbaum, Fettkomponente)

Rosa Canina (Hagebutte, desinfizierend, hautberuhigend)

Rosa Centifolia (Zentifolienrose, in Antifaltenprodukten, für empfindliche und trockene Haut)

Rosa Damascena (Damaszener-Rose, Duftstoff, adstringierend, entzündungshemmend, für empfindliche und trockene Haut geeignet)

Rosmarinus Officinalis (Rosmarin, Wirkstoff, desinfizierend)

Saccharose (Emulgator, haureinigend, wenig entfettend)

Saccharum Officinarum (Zuckerrohr, hautstraffend)

Salvia Officinalis (Königssalbei, Edelsalbei, antiseptisch)

Salvia Triloba (Salbei, adstringierend, bakterienhemmend, pilzhemmend)

Salicylic Acid (Konservierungsmittel, hautlösend, laut Kosmetikverordnung zulässige Höchstkonzentration als Konservierungsmittel 0,5 Prozent. Darf nicht in Mitteln für Kinder unter drei Jahren verwendet werden, ausgenommen Shampoos)

Sebacec Acid (Lipid, Puffersubstanz, Zusatz zu kosmetischen Produkten zur Einstellung bzw. Stabilisierung des pH-Werts)

Serine (feuchtigkeitsbewahrender und hautschützender Wirkstoff)

Sesamum Indicum (Sesam, Lipid, pflegend, hautschützend)

Silica (Kieselsäure, Hilfsstoff, Putzkörper)
Silk Amino Acids (Seidenaminosäuren, Haarkonditionierungsmittel)
Simethicone (Hautpflegemittel, silikonbasiert)
Silybum marianum (Mariendistel, hautpflegend, hautschützend)
Simmondsia Chinensis (Jojoba, pflegend, hautschützend)
Sine adipe lac (fettfreie Milch, hautpflegend)
Sodium Acrylate/Acryloyldimethyl Taurate Copolymer (Verdicker, Gelbildner)
Sodium Acrylates/C10-30 Alkyl Acrylate Crosspolymer (Polyacrylsäure Natrium-Salz, Konsistenzgeber, Bindemittel, Weichmacher, wird aus Erdöl gewonnen, kann starke Hautreizungen verursachen)
Sodium Benzoate (E 211, Konservierungsmittel, kann Allergien auslösen)
Sodium Bicarbonate (pH-Wert-Regler)
Sodium C12-13 Pareth Sulfate (Tensid, PEG-basiert)
Sodium Carbomer (Filmbildner, Gelbildner, Viskositätsregler)
Sodium Chloride (Hilfsstoff, Verdickungsmittel/Konsistenzregler)
Sodium Cetearyl Sulfate (Emulgator, Tensid, hautreinigend)
Sodium Citrate (Säure-/Basenregulierung)
Sodium Cocoamphoacetate (mildes Tensid)
Sodium Cocoyl Glutamate (Kokostensid)
Sodium Cocoyl Isethionate (Emulgator, Lipid, Tensid)
Sodium Dehydroacetate (Konservierungsmittel)
Sodium Dihydroxycetyl Phosphate (Tensid, umweltrelevanter Stoff)
Sodium Formate (Konservierungsmittel)
Sodium Hyaluronate (Hyaluronsäure, feuchtigkeitsbewahrender und hautstraffender Wirkstoff)
Sodium Hydroxide (Natrium Hydroxid, pH-Wert-Regulator, konzentriert ätzend)

Sodium Isethionate (Feuchthaltefaktor)

Sodium Lactate (Wirkstoff, feuchtigkeitsbewahrend, hautstraffend)

Sodium Laureth Sulfate (Tensid, PEG-basiert, kann starke allergische Reaktionen hervorrufen, kann Formaldehyd- und Dioxan-Rückstände enthalten)

Sodium Lauroyl Glutamate (Tensid)

Sodium Lauryl Sulfate (Tensid, kann Formaldehyd- und Dioxan-Rückstände enthalten)

Sodium Myreth Sulfate (Tensid, PEG-basiert, kann starke allergische Reaktionen hervorrufen, kann Formaldehyd- und Dioxan-Rückstände enthalten)

Sodium PCA (Wirkstoff, feuchtigkeitsbewahrend, hautglättend)

Sodium Polyacyrate (Filmbildner, Weichmacher)

Sodium Polynaphtalensulfonate (Hilfsstoff)

Sodium Saccharin (Farbstoff, im Tierversuch krebserregend)

Sodium Salicylate (Konservierungsmittel, auch Wirkstoff, hautlösend, darf nicht zur Pflege von Kindern unter drei Jahren verwendet werden)

Sodium Starch Octenylsuccinate (Filmbildner)

Sodium Stearoyl Lactylate (Emulgator, Lipid, Tensid)

Sodium Stearate (Emulgator, Lipid, Tensid)

Sodium Sulfate (Hilfsstoff)

Sorbic Acid (Sorbinsäure, E 200, Konservierungsmittel, allergisierend)

Sorbitan Olivate (Emulgator auf Basis des Zuckeralkohols Sorbitol, sehr gut hautverträglich)

Sorbitan Stearate (Emulgator, Lipid, Tensid)

Sorbitol (Feuchthaltefaktor, aus Stärke)

Soybean Oil (Sojaöl, Emulgator, feuchtigkeitsspendend)

Squalane (Kosmetiköl aus Olivenöl, Fischlebertran oder synthetisch hergestellt, rückfettend)

Starch Hydroxypropyltrimonium Chloride (Filmbildner)

Stearalkonium Hectorite (Verdickungsmittel, Gelbildner, Antistatikum)

Steareth-2 bis -100 (Emulgator, Lipid, Tensid, PEG-basiert, kann die Hautoberfläche betäuben, gilt als toxikologisch bedenklich)

Stearic Acid (Emulgator, Lipid, Tensid, rückfettend)

Stearyl Alcohol (Lipid, glättend, rückfettend)

Styrene/Acrylate Copolymer (Filmbildner, Weichmacher)

Sucrose (Saccharose/Rohrzucker, feuchtigkeitsbewahrend)

Sucrose Cocoate (Emulgator, Lipid, Tensid)

Sucrose Distearate (Emulgator, Lipid, Tensid)

Sucrose Stearate (Emulgator, Lipid, Tensid)

Sunflower Oil (Sonnenblumenkernöl, glättend, rückfettend)

Talc (Rubbelstoff, Puder, kann mit Asbest verunreinigt sein, steht im Verdacht, Krebs zu erzeugen)

TEA-Dodecylbenzene Sulfonate (Tensid, kann Rückstände von krebserregenden/verdächtigen Nitrosaminen enthalten)

Tetrasodium EDTA (Konservierungsmittel, verstärkt die Wirkung von anderen Konservierungsmitteln, schwächt die Zellmembranen)

Theobroma Cacao (Kakaobutter, Lipid, Rückfetter)

Tilia Cordata (Winterlinde, hautberuhigend)

Titanium Dioxide (Farbstoff, Lichtschutzfilter, auch Kariesschutz, physikalische Alternative zu chemischen Lichtschutzfiltern)

Tocopherol (Vitamin E, Antioxidans, hautschützend)

Tocopheryl Acetate (Vitamin-E-Derivat, hautschützend)

Tonalid (polyzyklische Moschusverbindung)

Traseolit (polyzyklische Moschusverbindung)
Tricaprylin (Lipid)
Triclosan (Konservierungsmittel, halogenorganische Substanz, kann Rückstände von Dioxinen enthalten, gilt als lebertoxisch, neurotoxisch und allergisierend)
Trideceth-9 (Emulgator, Lipid, Tensid, PEG-basiert)
Triethyl Citrate (Wirkstoff, schweißhemmend)
Triglycerol (siehe Glycerin)
Trimethoxycaprylylsilane (Hilfsstoff, Bindemittel, hautglättend)
Trimethylolpropane Tricaprylate / Tricapate – Lipid)
Triticum Vulgare (Weizen, Lipid, Rückfetter, Rubbelstoff, kann Rückstände von Lösemitteln und / oder Pestiziden enthalten)
Ubiquinone (Coenzym Q10, Antioxidans, regenerierend)
Usnea Barbata (Bartflechte, Duftstoff, antiseptisch, desodorierend)
Urea (Harnstoff, feuchtigkeitsbewahrend, heilungsfördernd)
Urtica Dioica (Brennnessel, in Hautpflegeprodukten straffend, in Haarpflegeprodukten kopfhautberuhigend / Antischuppenwirkstoff)
Vitis Vinifera (Weintraubenextrakt, Hautpflegemittel)
VP / VA Copolymer (Filmbildner, auch Antistatikum / Kämmbarkeitshilfe)
Wheat Germamidopropyl Betaine (Tensid)
Xanthan Gum (Verdicker, hautstraffender Wirkstoff)
Zea Mays (Maisextrakt, Lipid, Rückfetter)
Zinc Chloride (Antiseptikum, ätzend, umweltgefährlich)
Zinc PCA (Wirkstoff, heilungsfördernd, ausgleichend, adstringierend)
Zinc Pyrithione (Wirkstoff, desinfizierend, Anti-Schuppen-Wirkstoff)

Adressen

Anton Schlecker, Im Schleckerland, 89579 Ehingen

Beiersdorf AG, Unnastraße 48, 20245 Hamburg

Bellmira Cosmetic GmbH/Straub GmbH, Otto-Schott-Straße 33, 97877 Wertheim

Colgate-Palmolive GmbH, Lübecker Straße 128, 22087 Hamburg

Dalli-Werke GmbH & Co. KG, Zweifaller Straße 120, 52220 Stolberg

dm-drogerie markt GmbH + Co. KG, Carl-Metz-Straße 1, 76185 Karlsruhe

Dr. Duesberg medical GmbH, Hohefeldstraße 30, 46284 Dorsten

Dr. Scheller Cosmetics AG, Schillerstraße. 21–27, 73054 Eislingen

Emil Kiessling GmbH, Hammerweg 43–45, 91166 Georgensgmünd

Femia Cosmetic GmbH, Kellershausstraße. 12, 52087 Aachen

Gallon-Kosmetik GmbH & Co. KG, Im Meisenfeld 7, 32602 Vlotho

Ihr Platz GmbH + Co. KG, Rehmstraße 18–20, 49080 Osnabrück

Johnson & Johnson GmbH, Kaiserswerther Str. 270, 40474 Düsseldorf

Kao Brands Europe/Guhl Ikebana GmbH, Im Leuschnerpark 3, 64347 Griesheim

laverana GmbH, Am Weingarten 4, 30974 Wennigsen

L'ORÉAL Haarkosmetik und Parfümerien GmbH & Co. KG, Georg-Glock-Straße 18, 40474 Düsseldorf

Luhns GmbH, Schwarzbach 91–137, 42277 Wuppertal

M.E.G.Gottlieb, Diaderma-Haus GmbH + Co. KG, Taubenfeld 25, 69123 Heidelberg

Mann & Schröder GmbH, Bahnhofstraße 14, 74936 Siegelsbach

Maxim Markenprodukte GmbH & Co. KG, Donatusstraße 112, 50259 Pulheim b. Köln

Natur-Konzepte GmbH, Gneisenaustraße 11, 30175 Hannover
Plus Warenhandelsgesellschaft mbH, Wissollstraße 5–43, 45478 Mülheim an der Ruhr
Procter & Gamble Holding GmbH, Sulzbacher Straße 40–50, 65824 Schwalbach a. Ts.
Rossmann GmbH, Isernhägener Str. 19, 30938 Burgwedel
Schwarzkopf & Henkel GmbH, Henkelstraße 67, 40191 Düsseldorf
Sebamed GmbH & Co. KG, Binger Str. 80, 56154 Boppard
Swiss Industries GmbH, Division Mibelle Cosmetics, Hafenstraße 45, 79576 Weil am Rhein
Unilever Deutschland GmbH, Dammtorwall 15, 20355 Hamburg
Win Cosmetic GmbH & Co. KG, Zweifaller Straße 120, 52224 Stolberg

Literaturverzeichnis/Links

Andrea Lehr, Günter W. Reichelt: Cosmetic Ingredients. Beurteilung kosmetischer Inhaltsstoffe, 4. Auflage. Books on Demand GmbH, 2003

Cancer Prevention Coalition (CPC), (www.preventcancer.com)

Deutsche Krebsgesellschaft e.V. (www.krebsgesellschaft.de)

Dr. Laszlo Havor (www.havor.at)

Europäisches Arzneibuch 2002 (4. Ausgabe). Deutscher Apotheker Verlag

Heinz Knieriemen, Paul Silas Pfyl: Kosmetik-Inhaltsstoffe von A bis Z, 2. Auflage. AT-Verlag, 2006

Horst Fey, Xenia Petsitis: Wörterbuch der Kosmetik, 5. Auflage. Wissenschaftliche Verlagsgesellschaft mbH, 2003

http://de.wikipedia.org/wiki/Lipide

IARC International Agency for Research on Cancer (www.iarc.fr)

KATALYSE Institut für angewandte Umweltforschung, Köln, (www.katalyse.de)

Leven, Walter: INCI-Index. Synonym-Lexikon der Kosmetikinhaltsstoffe, 2. Auflage. Govi-Verlag – Pharmazeutischer Verlag GmbH, 2000

Martina Bährle-Rapp: Springer Lexikon Kosmetik und Körperpflege, 2. Auflage. Springer Verlag, 2004

MedizInfo® Jürgen Wehner (www.medizinfo.de/kardio/lipide/blutfette.htm)

ÖKO-TEST Jahrbuch Kosmetik für 2005. ÖKO -TEST Verlag GmbH

ÖKO-TEST Kompakt: Der große Einkaufsratgeber Kosmetik für 2005. Öko-TEST Verlag GmbH

ÖKO-TEST Kompakt: Gesichtspflege 2005. ÖKO -TEST Verlag GmbH

ÖKO-TEST Kompakt: Haare 2005. ÖKO-TEST Verlag GmbH

ÖKO-TEST Kompakt: Haut 2005. ÖKO-TEST Verlag GmbH

ÖKO-TEST Kompakt: Perfekter Auftritt 2003. ÖKO -TEST Verlag GmbH

ÖKO-TEST Kosmetik-Liste 2004, Öko-TEST Verlag GmbH

ÖKO-TEST Magazin 4/2006. ÖKO-TEST Verlag GmbH

ÖKO-TEST Magazin 9/2006. ÖKO-TEST Verlag GmbH

ÖKO-TEST Ratgeber: Kosmetik & Wellness 2005. Öko-TEST Verlag GmbH

ÖKO-TEST Ratgeber: Kosmetik & Wellness 2006. ÖKO -TEST Verlag GmbH

Wilfried Umbach: Kosmetik. Entwicklung, Herstellung und Anwendung kosmetischer Mittel. Thieme Verlag, 1988

Xenia Petsitis: Kosmetik-Guide. Was ist drin – was ist dran? vgs Verlagsgesellschaft, 2002

ZeitenSchrift-Verlag Seiler & Co (www.zeitenschrift.com)

Sie finden uns auch im Internet unter
www.randomhouse.de/suedwest

ISBN 978-3-517-08273-8

Umschlaggestaltung und -konzeption: R.M.E. Eschlbeck/Kreuzer/Botzenhardt, München, unter Verwendung einer Illustration von Ully Arndt
Lektorat: Berliner Buchwerkstatt, Vera Olbricht
Gestaltung: Berliner Buchwerkstatt, Ulrike Sindlinger
Projektkoordination: Dr. Iris Hahner
Herstellung: Reinhard Soll
Bildredaktion: Annette Mayer
Fotos: Alescha Birkenholz, München

Druck und Bindung: Druckerei Uhl, Radolfzell
Printed in Germany

817 2635 4453 6271